Entre el mundo y yo

Seix Barral Los Tres Mundos

Ta-Nehisi Coates
Entre el mundo y yo

Traducción del inglés por
Javier Calvo

Obra editada en colaboración con Editorial Planeta - España

Título original: *Between the World and Me*

Bajo el sello editorial SEIX BARRAL M.R.
Avenida Presidente Masarik núm. 111, Piso 2
Colonia Polanco V Sección
Deleg. Miguel Hidalgo
C.P. 11560, Ciudad de México
www.planetadelibros.com.mx

Primera edición impresa en España: octubre de 2016
ISBN: 978-84-322-2965-7

Primera edición impresa en México: marzo de 2017
ISBN: 978-607-07-3958-3

Impreso en los talleres de Litográfica Ingramex, S.A. de C.V.
Centeno núm. 162-1, colonia Granjas Esmeralda, Ciudad de México
Impreso en México - *Printed in Mexico*

Para David y Kenyatta,
que creyeron

Y una mañana estando en el bosque me topé de golpe con aquello, me lo encontré en un claro de hierba defendido por olmos y robles desconchados y los detalles tiznados de aquella escena se elevaron, interponiéndose entre el mundo y yo...

RICHARD WRIGHT

I

No me hables de martirio
de hombres que mueren para que los recuerden
algún día en la parroquia.
No creo en la muerte
aunque también yo moriré.
Y unas violetas como castañuelas
se harán eco de mí.

SONIA SANCHEZ

Hijo,

El domingo pasado la presentadora de un popular noticiario me preguntó qué significaba perder mi cuerpo. La presentadora estaba en un plató de Washington D. C., y yo estaba sentado en un estudio del margen oeste de Manhattan. Un satélite salvaba la distancia física entre nosotros, pero no había maquinaria capaz de salvar el abismo que separaba el mundo de ella del mundo en cuyo nombre yo había sido convocado para hablar. Cuando la presentadora me preguntó por mi cuerpo, su cara desapareció de la pantalla y fue reemplazada por un carrusel de texto, que yo había escrito aquella misma semana.

La presentadora leyó mis palabras para el público y cuando terminó volvió al tema de mi cuerpo, aunque sin mencionarlo de forma específica. A estas alturas, sin embargo, ya estoy acostumbrado a que venga gente inteligente a preguntarme por el estado de mi cuerpo sin ser consciente de qué es lo que están preguntando. Concretamente, la presentadora quería saber por qué pensaba yo que el progreso de la América blanca o, mejor dicho, el progreso de los americanos que creen ser blancos, estaba construido sobre el saqueo y la violencia. Cuando oí aquello, sentí que me inundaba una antigua y vaga tristeza. La respuesta a aquella pregunta es la crónica de los propios creyentes. La respuesta es la historia de América.

No hay ningún extremismo en esta afirmación. Los americanos divinizan la democracia de un modo que apenas les permite darse cuenta de que de vez en cuando han desafiado a ese Dios. Pero la democracia es un dios que perdona, y las herejías de América —la tortura, el robo, el esclavismo— son tan comunes entre los individuos y las naciones que nadie puede declararse inmune a ellas. De hecho, los americanos, en un sentido muy real, nunca han traicionado a su Dios. Cuando Abraham Lincoln declaró en 1863 que la batalla de Gettysburg tenía que garantizar que «el gobierno del pueblo, por el pueblo y para el pueblo no desaparezca de la Tierra», no estaba manifestando una simple aspiración; al inicio de la guerra civil, los Estados Unidos de América tenían uno de los índices de sufragio más elevados del mundo. La cuestión no es si Lincoln creía de verdad en lo del «gobierno del pueblo», sino cómo nuestro país, a lo largo de su historia, ha interpretado en la práctica el término *pueblo*. En 1863 no se refería a tu madre ni a tu abuela, ni tampoco se refería a ti ni a mí. Por consiguiente, el problema de América no es haber traicionado el «gobierno del pueblo», sino los medios por los cuales «el pueblo» adquiere ese nombre.

Esto nos lleva a otro ideal igualmente importante, uno que los americanos aceptan de manera implícita pero que no reclaman de manera consciente. Los americanos creen en la realidad de la «raza» como rasgo definido e incuestionable del mundo natural. El racismo —la necesidad de asignar a la gente unos rasgos inmutables y luego humillarla, reducirla y destruirla— es la inevitable consecuencia de esta condición inalterable. En este sentido, el racismo es representado como el hijo inocente de la madre naturaleza, y solamente se lamenta la deportación de esclavos al Nuevo Mundo o la expulsión de los Cherokee igual que uno lamenta un terremoto, un tornado o cualquier otro fenómeno que se pueda considerar ajeno a la acción de los hombres.

Pero la raza no es la madre del racismo, sino su hija. Y el proceso de designar al «pueblo» nunca ha dependido de la genealogía ni de la fisiognomía, sino de la jerarquía. Las diferencias en el color de piel y el pelo vienen de antiguo. Sin embargo, creer en la preeminencia de un tono y un pelo concretos, la idea de que estos factores pueden organizar de forma correcta una sociedad y de que encarnan atributos más profundos, ésa es la idea nueva y central de una gente nueva a la que han criado irremediable, trágica y engañosamente para creerse blanca.

Esa gente nueva es, igual que nosotros, un invento moderno. Pero a diferencia de nosotros, su nuevo nombre no tiene un significado real divorciado de la maquinaria del poder criminal. Esa gente nueva era otras cosas antes de ser blanca —católicos, corsos, galeses, menonitas, judíos—, y si todas nuestras esperanzas nacionales llegan a cumplirse de alguna forma, entonces volverán a ser otras cosas. O tal vez se vuelvan verdaderamente americanos y creen una base más noble para sus mitos. No puedo predecirlo. De momento, hay que decir que el proceso de blanqueo de las diferentes tribus, y el ascenso de la creencia en el hecho de ser blanco, no se produjo por medio de las catas de vino y las reuniones sociales para comer helado, sino mediante el saqueo de vidas, libertad, trabajo y tierra; mediante los latigazos en la espalda; las cadenas en brazos y piernas; el estrangulamiento de los disidentes; la destrucción de las familias; la violación de las madres; la venta de los hijos; así como otros muchos actos destinados, principalmente, a negarnos a ti y a mí el derecho a proteger y gobernar nuestros cuerpos.

La gente nueva no es original en este sentido. Tal vez haya existido, en algún momento de la historia, alguna gran potencia cuyo ascenso se viera exento de la explotación violenta de otros cuerpos humanos. Si existió, yo todavía no la he descubierto. Pero esta banalidad de la violencia nunca podrá excusar a América, porque América se desmarca de lo banal. América se cree excepcional, la más grande y noble de las naciones que han existido, un campeón solitario que se interpone entre la ciudad blanca de la democracia y los terroristas, los déspotas, los bárbaros y otros enemigos de la civilización. Uno no puede declararse superhumano y al mismo tiempo alegar un error mortal. Yo propongo que nos tomemos en serio las afirmaciones que llevan a cabo nuestros compatriotas de que América es excepcional, es decir, propongo que sometamos nuestro país a unos estándares morales superiores. Esto es difícil, porque existe a nuestro alrededor todo un aparato que nos pide que aceptemos la inocencia de América tal como se nos presenta y que no pidamos demasiado. Y es muy fácil apartar la vista, vivir con los frutos de nuestra historia y olvidar las grandes maldades que se han cometido en nombre de todos nosotros. Pero tú y yo jamás hemos tenido ese privilegio. Creo que lo sabes.

Te escribo ahora que tienes quince años. Y te escribo porque éste ha sido el año en que has visto cómo estrangulaban a Eric Garner por vender cigarrillos; porque ahora sabes que a Renisha McBride la mataron por pedir ayuda; que a John Crawford lo mataron por estar de compras en unos grandes almacenes. Y has visto también cómo unos hombres de uniforme pasaban con el coche y asesinaban a Tamir Rice, un niño de doce años al que habían jurado proteger. Y has visto a unos hombres con los mismos uniformes golpear a Marlene Pinnock, una abuela, en el arcén de una carretera. Y ahora sabes, si no lo sabías antes, que a los departamentos de policía de tu país les han otorgado autoridad para destruir tu cuerpo. No importa que esa destrucción sea resultado de una reacción desafortunadamente excesiva. No importa que su origen sea un malentendido. No importa que la destrucción parta de una política ridícula. Si vendes cigarrillos sin la debida autorización, tu cuerpo puede ser destruido. Si guardas resentimiento a la gente que está intentando inmovilizar tu cuerpo, te lo pueden destruir. Si te metes en una escalera a oscuras, tu cuerpo puede ser destruido. A quienes lo destruyen casi nunca se les hace responsables de ello. A la mayoría simplemente les pagan una pensión. Y la destrucción no es más que la forma superlativa de un dominio cuyas prerrogativas incluyen los registros, las detenciones, las palizas y las humillaciones. Esto le pasa a toda la gente negra. Y les ha pasado siempre. Y no se responsabiliza a nadie.

No hay nada extraordinariamente maligno en esos destructores, ni siquiera en el momento presente. Los destructores no son más que hombres que garantizan el cumplimiento de los caprichos de nuestro país, interpretando su herencia y su legado. Es algo que cuesta afrontar. Sin embargo, todo nuestro vocabulario —relaciones raciales, abismo racial, justicia racial, criminalización por medio de criterios raciales, privilegio blanco y hasta supremacía blanca— sirve para ocultar el hecho de que el racismo es una experiencia visceral, que hace saltar los sesos, bloquea tráqueas, desgarra músculos, extrae órganos, parte huesos y rompe dientes. No has de perder nunca esto de vista. Has de recordar siempre que la sociología, la historia, la economía, los gráficos, los diagramas y las regresiones siempre impactan con gran violencia sobre el cuerpo.

El domingo, hablando con la presentadora de aquel noticiario, intenté explicar esto lo mejor que pude dentro del tiempo que me habían asignado. Al final del segmento de noticiario, sin embargo, la presentadora enseñó una foto que había circulado bastante de un niño negro de once años abrazando a un agente de policía blanco. Y me preguntó por la «esperanza». Y entonces fui consciente de haber fracasado. Y recordé que ya había esperado fracasar. Y volvió a sorprenderme la vaga tristeza que me inundaba. ¿Exactamente por qué estaba triste? Salí del estudio y me puse a caminar. Era un día tranquilo de diciembre. En las calles había familias creyéndose blancas. Había niños pequeños criados para ser blancos y arropados en sus cochecitos. Y me sentí triste por aquella gente, igual que lo estaba por la presentadora y por toda la gente que se dedicaba a mirar la tele y a disfrutar de aquella esperanza engañosa. Y de pronto entendí por qué estaba triste. Cuando la periodista me había preguntado por mi cuerpo, había sido como si me estuviera pidiendo que la despertara del más hermoso de los sueños. Y llevo toda mi vida viendo ese sueño. Consiste en casas perfectas con bonitos jardines. En las barbacoas del Memorial Day, en las asociaciones de vecinos y en las casas con entradas para coche. El Sueño son las casetas para jugar en los árboles y los *boy scouts* infantiles. El Sueño huele a menta pero sabe a pastel de fresa. Y yo llevo muchísimo tiempo queriendo escaparme a ese Sueño, taparme la cabeza con mi país como si fuera una manta. Pero jamás he tenido esa opción, porque el Sueño descansa sobre nuestras espaldas, sobre los cimientos hechos con nuestros cuerpos. Y sabiendo esto, sabiendo que el Sueño persiste a base de hacer la guerra con el mundo conocido, me sentí triste por la presentadora, me sentí triste por todas aquellas familias, me sentí triste por mi país, pero por encima de todo, en aquel momento me sentí triste por ti.

Di aquella entrevista la misma semana en que tú te enteraste de que iban a quedar libres quienes habían matado a Michael Brown. Que nadie castigaría nunca a los hombres que habían dejado su cuerpo en la calle a modo de declaración fabulosa de su poder inviolable. Pero tú eras joven y todavía tenías fe. Te quedaste levantado hasta las once de la noche, esperando que anunciaran que se iban a presentar cargos contra ellos, y cuando se anunció que no iba a ser así, dijiste: «Tengo que irme», te fuiste a tu habitación y yo te oí llorar. Entré cinco minutos más tarde, pero no te abracé ni tampoco te reconforté, porque me pareció un error reconfortarte. Tampoco te dije que todo iría bien porque nunca he creído que vaya a ir bien. Lo que te dije fue lo mismo que habían intentado decirme a mí tus abuelos: que éste era tu país, que éste era tu mundo, que éste era tu cuerpo y que tenías que encontrar una forma de vivir con todo ello. Hoy te digo que la pregunta de cómo hay que vivir dentro de un cuerpo negro, y dentro de un país perdido en el Sueño, es la pregunta de mi vida, y he descubierto que con el tiempo esa pregunta acaba convirtiéndose ella misma en la respuesta.

Esto debe de parecerte extraño. Vivimos en una época «orientada a los resultados». El vocabulario de nuestros medios de comunicación está lleno de opiniones supuestamente provocativas, de grandes ideas y de grandes teorías sobre cualquier cosa. Pero yo ya hace tiempo que rechacé la magia en todas sus formas. Este rechazo fue un regalo de tus abuelos, que jamás intentaron consolarme con ideas del más allá y siempre se mostraron escépticos respecto a la gloria predestinada de América. A base de aceptar al mismo tiempo el caos de la historia y la realidad absoluta de mi muerte, quedé libre para considerar de verdad cómo quería vivir; y más concretamente, cómo quería vivir libre en este cuerpo negro. Se trata de una pregunta profunda porque América se entiende a sí misma como la obra de Dios, pero el cuerpo negro es la evidencia más clara de que América es obra de los hombres. He planteado esta cuestión a lo largo de mis lecturas y mis escritos, por medio de la música de mi juventud, por medio de discusiones con tu abuelo, con tu madre, con tu tía Janai y con tu tío Ben. He buscado respuestas en los mitos nacionalistas, en las aulas, en las calles y en otros continentes. Y se trata de una pregunta imposible de responder, aunque no fútil. El mayor premio de esa interrogación constante, de esa confrontación con la brutalidad de mi país, es que me ha liberado de fantasmas y me ha defendido contra el terror absoluto de perder mi cuerpo.

Y tengo miedo. Es un miedo que siento con más intensidad cada vez que me dejas. Pero ya tenía miedo mucho antes de que tú llegaras, y en eso nunca fui original. Cuando yo tenía tu edad, la única gente que conocía era negra, y todos tenían un miedo poderoso, rotundo y peligroso. Me pasé toda mi juventud viendo ese miedo, aunque no siempre lo reconocía como tal.

Siempre lo tuve delante. El miedo estaba allí, en los cuerpos extravagantes de mi vecindario, en sus enormes anillos y medallones, en los chaquetones voluminosos y los abrigos largos de cuero con cuello de pelo que eran su armadura contra el mundo. Los veía plantados en la esquina de Gwynn Oak y Liberty, o en la de Cold Spring con Park Heights, o bien delante del centro comercial Mondawmin, con las manos hundidas en sus chándales Russell. Ahora me acuerdo de aquellos chicos y lo único que veo es miedo; lo único que veo son sus intentos de protegerse de los fantasmas de los malos tiempos en que la turba de Misisipi se congregaba en torno a sus abuelos para pegar fuego a las ramas del cuerpo negro y luego talarlas. El miedo perduraba en sus bailoteos ensayados, en su ropa caída de pana, en sus camisetas enormes, en el ángulo calculado de sus gorras de béisbol, un catálogo de conductas y prendas elegidas para transmitir la idea de que aquellos muchachos eran firmes poseedores de todo lo que deseaban.

También lo veía en sus costumbres bélicas. Yo no tenía más de cinco años cuando un día me senté en la escalera de entrada de mi casa de Woodbrook Avenue y vi a dos chicos sin camiseta que daban vueltas el uno alrededor del otro y hacían chocar los hombros. A partir de ese momento supe que las peleas callejeras tenían un ritual, unos reglamentos y códigos que, por su misma necesidad, daban fe de la vulnerabilidad de los cuerpos negros adolescentes.

Oí el miedo en la primera música que conocí en mi vida, la que salía a todo trapo de aquellos radiocasetes llenos de alardes y fanfarronadas. A los chicos que merodeaban por Garrison y Liberty, en Park Heights, les encantaba aquella música porque les decía, contra toda evidencia y contra todo pronóstico, que eran los amos de sus vidas, de sus calles y de sus cuerpos. También lo veía en las chicas, en sus risas escandalosas, en aquellos pendientes de bambú bañado en oro que anunciaban sus nombres por triplicado. Y lo veía en su lenguaje brutal y sus miradas hoscas, en el hecho de que te apuñalaban con los ojos y te destruían con sus palabras porque hacer demasiada guasa era un pecado. «Que no te pase mi nombre por la boca», te decían. Yo las miraba después de la escuela, poniéndose en guardia como boxeadoras, untadas de vaselina, sin pendientes, con las Reebok puestas y lanzándose las unas sobre las otras.

Sentía también el miedo en mis visitas a casa de mi abuela en Filadelfia. Tú no llegaste a conocerla. Yo apenas la conocí, pero lo que recuerdo son sus modales hoscos, su voz áspera. Y yo sabía que mi abuelo paterno estaba muerto y que mi tío Oscar estaba muerto y que mi tío David estaba muerto y que ninguno de ellos había fallecido de muerte natural. Y lo veía en mi padre, que te quiere, que te aconseja, que me daba dinero para que yo cuidara de ti. Mi padre tenía muchísimo miedo. Lo sentía en el daño que me hacía su cinturón de cuero negro, que él aplicaba con más ansiedad que furia; mi padre me pegaba como si alguien se me fuera a llevar, porque eso era justamente lo que pasaba todo el tiempo a nuestro alrededor. A todo el mundo se le habían llevado algún hijo las calles, la cárcel, las drogas o las armas de fuego. Se decía que aquellas chicas perdidas eran dulces como la miel y que no harían daño ni a una mosca. Se decía que aquellos chicos perdidos acababan de obtener su certificado de Educación Secundaria y que habían empezado a reconducir sus vidas. Y de pronto ya no estaban y su legado era un miedo enorme.

¿Te he contado esta historia? Cuando tu abuela tenía dieciséis años, un joven llamó a su puerta. El joven era el novio de tu tía abuela Jo. No había nadie más en casa. Mi madre dejó que el joven se sentara a esperar a que llegara tu tía abuela Jo. Pero tu bisabuela llegó primero. Le dijo al joven que se fuera. Luego le dio a tu abuela una paliza terrible, la última, para que se acordara de la facilidad con que podía perder su cuerpo. Mi madre no lo olvidó nunca. Recuerdo lo fuerte que me agarraba la manita cuando cruzábamos la calle. Me decía que si alguna vez me soltaba y me atropellaba un coche que pasara a toda velocidad, me daría tal paliza que me devolvería a la vida. Cuando yo tenía seis años, mis padres me llevaron a un parque del barrio. Me escabullí de sus miradas y encontré una zona de columpios. Mientras me buscaban, tus abuelos pasaron unos minutos de gran nerviosismo. Cuando me encontraron, mi padre hizo lo que habría hecho cualquier padre que yo conocía: se sacó el cinturón. Recuerdo que lo miré embobado, sobrecogido por la desproporción entre el castigo y la infracción. Más tarde oí que mi padre decía: «La paliza se la puedo dar yo o la policía». Quizá aquello me salvó. O tal vez no. Lo único que sé es que la violencia surgía del miedo igual que el humo sale del fuego, pero no sé si aquella violencia, por mucho que se administrara desde el miedo y el amor, hacía sonar la alarma o bien nos asfixiaba ya en la salida. Lo que sé es que los padres que zurraban a sus hijos adolescentes por descarados luego los soltaban en unas calles donde sus hijos empleaban la misma justicia y eran sometidos a ella. Y conocía a madres que también pegaban con el cinturón a sus hijas, pero el cinturón no podía salvar a aquellas chicas de unos drogadictos que les doblaban la edad. Nosotros, los niños, usábamos nuestro humor más negro para soportar la situación. Nos quedábamos en el callejón y allí encestábamos pelotas de baloncesto en cajas vacías y hacíamos chistes sobre el chico a quien su madre había arreado una paliza delante de su clase entera de quinto. Nos sentábamos en el autobús número cinco y nos íbamos al centro riéndonos de una chica de cuya madre se sabía que echaba mano de todo para zurrarle: cables eléctricos, cables de extensión, ollas y sartenes. Nos reíamos, pero yo sé que en realidad teníamos miedo de quienes más nos querían. Nuestros padres recurrían al cinturón igual que los penitentes de la era de la peste recurrían al flagelo.

Ser negro en el Baltimore de mi juventud significaba estar expuesto a los elementos del mundo, a todas las armas de fuego, puños y navajas, al crack, a las violaciones y a las enfermedades. Aquella exposición no era ni un error ni una patología. Era el resultado correcto e intencionado de las medidas políticas, la situación predecible de una gente obligada durante siglos a vivir con miedo. La ley no nos protegía. Y ahora, en tu época, la ley se ha convertido en excusa para pararte por la calle y registrarte, para intensificar el asalto a tu cuerpo. Pero una sociedad que protege a algunos por medio de un paraguas de escuelas, préstamos para la vivienda respaldados por el gobierno y una riqueza ancestral, y, en cambio, a ti solamente te protege con el garrote de la justicia criminal, o bien ha fracasado en su intento de hacer realidad sus buenas intenciones o bien ha conseguido poner en práctica algo mucho más siniestro. Lo llames como lo llames, el resultado es que estamos expuestos a las fuerzas criminales del mundo. Da igual que los agentes de esas fuerzas sean blancos o negros; lo que importa es nuestra condición, lo que importa es el sistema que permite que te rompan el cuerpo.

La revelación de esas fuerzas, a través de una serie de grandes cambios, ha ido teniendo lugar a lo largo de mi vida. Pero los cambios se siguen produciendo y seguramente continuarán hasta que yo muera. Cuando tenía once años, un día estaba en el aparcamiento de delante del 7-Eleven mirando a una cuadrilla de chicos mayores plantados cerca de la calle. Estaban gritando y haciendo gestos a... ¿quién? A otro chico más joven, de mi edad, que estaba allí de pie, casi sonriendo, con las manos en alto, obediente. Él ya había aprendido la lección que aprendería yo aquel día: que su cuerpo estaba en peligro constante. ¿Quién sabe cómo habría adquirido este conocimiento? La vida en las viviendas de protección oficial, un padrastro borracho, un hermano mayor descalabrado por la policía o un primo encerrado en la cárcel de la ciudad. Y que los chicos lo superaran en número no importaba, porque ya hacía tiempo que el mundo entero lo había superado en número, y además, ¿qué importaban los números? Aquello era una guerra por la posesión de su cuerpo, e iba a durar su vida entera.

Me quedé allí unos segundos, maravillándome del hermoso estilismo de aquellos chicos mayores. Todos llevaban anoraks de esquí, del tipo que, en mi época, las madres encargaban en la tienda en septiembre y luego acumulaban horas extras para poder pagarlos y tenerlos envueltos y listos en Navidad. Me fijé particularmente en un chico de piel clara, cara alargada y ojos pequeños. Lo vi mirar con el ceño fruncido a otro que estaba cerca de mí. Eran casi las tres de la tarde. Yo estaba en sexto curso. Acabábamos de salir de la escuela y todavía no era la temporada de las peleas, que empezaba con los calores de la primavera. ¿Cuál era exactamente el problema allí? ¿Quién podía saberlo?

El chico de los ojillos metió la mano en su anorak de esquí y sacó una pistola. Lo recuerdo todo a cámara muy lenta, como si estuviéramos en un sueño. Ahí estaba el chico, alardeando de pistola; primero se la sacó del bolsillo, luego se la guardó y la volvió a sacar, y en sus ojillos vi una ráfaga de cólera capaz de borrar mi cuerpo en un instante. Era 1986. Aquel año sentí que me estaba ahogando en las crónicas de asesinatos de las noticias. Era consciente de que muchas veces las víctimas de aquellos asesinatos no eran los objetivos planeados, sino que acababan siendo tías abuelas, madres de la APF, tíos que hacían horas extras y niños risueños; las balas les caían a ellos de forma arbitraria e implacable, como si fueran cortinas de lluvia. Yo sabía esto en teoría, pero no lo entendí en la práctica hasta que tuve al chico de los ojillos delante de mí y con mi cuerpo entero en sus manos. El chico no disparó. Sus amigos lo refrenaron. Pero no le hacía falta disparar. Ya había afirmado mi lugar en el orden de las cosas. Había mostrado la facilidad con que yo podía ser elegido. Aquel día cogí el metro a casa, asimilando el episodio a solas. No les conté nada a mis padres. No les conté nada a mis profesores, y si les conté algo a mis amigos, debí de hacerlo mostrando toda la excitación necesaria para ocultar el miedo que me había abrumado en aquel momento.

Recuerdo que me asombró el hecho de que la muerte pudiera surgir de la nada con tanta facilidad en una tarde de chicos y levantarse como una niebla. Yo era consciente de que West Baltimore —donde yo vivía—, el norte de Filadelfia, —donde vivían mis primos— y el South Side de Chicago —donde vivían varios amigos de mi padre— eran un mundo aparte. En algún lugar más allá del firmamento, al otro lado del cinturón de asteroides, había otros mundos donde los niños no temían a diario por sus cuerpos. Yo lo sabía porque en mi sala de estar había un televisor enorme. Al anochecer me sentaba delante de aquel televisor y presenciaba los reportajes que llegaban de aquel otro mundo. Había niñitos blancos con colecciones completas de cromos de fútbol americano; lo único que querían era una novia popular, y su única preocupación era el roble venenoso. Aquel otro mundo era residencial e interminable, y se organizaba en torno a barbacoas de vecinos, tartas de arándanos, fuegos artificiales, helados de crema y frutas, cuartos de baño inmaculados y camioncitos de juguete que se dejaban sin vigilar en jardines arbolados con arroyos y cañadas. A base de comparar aquellos reportajes con la realidad del mundo donde yo había nacido, llegué a entender que mi país era una galaxia, y que aquella galaxia se extendía desde el pandemonio de West Baltimore hasta los felices cotos de caza de *Mister Belvedere*. Me obsesioné con la distancia que separaba aquel otro sector del espacio del mío. Yo sabía que mi parte de la galaxia americana, donde los cuerpos vivían esclavizados por una tenaz fuerza gravitatoria, era negra, y que la otra parte, la liberada, no lo era. Sabía que una energía inescrutable preservaba esta división. Sentía, aunque todavía no entendía, la relación entre aquel otro mundo y yo. Y sentía que había allí una injusticia cósmica, una profunda crueldad, que infundía en mí un deseo persistente e irreprimible de liberar mi cuerpo de sus grilletes y alcanzar la velocidad de fuga.

¿Alguna vez sientes tú esa misma necesidad? Tu vida es muy distinta de la mía. Tú conoces la grandeza del mundo, del mundo real, del mundo entero. Y no te hacen falta reportajes porque has visto de cerca gran parte de la galaxia americana y a sus habitantes, sus casas, sus aficiones. Yo no sé qué es crecer con un presidente negro, redes sociales, medios de comunicación omnipresentes y por todas partes mujeres negras con su pelo natural. Lo que sí sé es que cuando soltaron al asesino de Michael Brown, dijiste: «Tengo que irme». Y eso me dolió porque, a pesar de lo distintos que son nuestros mundos, a tu edad yo me sentía exactamente igual. Y me acuerdo de que por entonces todavía no había empezado a imaginarme todos los peligros que nos atrapan. Tú sigues creyendo que la injusticia fue el caso de Michael Brown. Todavía no te has enfrentado a tus propios mitos y narraciones ni has descubierto el saqueo que nos rodea por todas partes.

Antes de que yo pudiera descubrir nada, antes de poder escapar, tenía que sobrevivir, y eso implicaba necesariamente enfrentarme a las calles, y con esto no me refiero simplemente a las manzanas físicas que me rodeaban, ni tampoco a la gente que las abarrotaba, sino al despliegue de enigmas letales y extraños peligros que parecían elevarse del mismo asfalto. Las calles transformaban cualquier día ordinario en una serie de preguntas-trampa, y cada vez que te equivocabas con la respuesta te arriesgabas a una paliza, a que te pegaran un tiro o a quedarte embarazada. Nadie salía de allí indemne. Y, sin embargo, la energía que emana del peligro constante, de una vida de experiencias de proximidad a la muerte, resulta excitante. A eso se refieren los raperos cuando se declaran adictos a «las calles» o enamorados «del juego». Imagino que sienten algo parecido a los paracaidistas, a los escaladores, a los practicantes de saltos

BASE y a otra gente que elige vivir al límite. Por supuesto, nosotros no decidimos nada. Y jamás me he creído a los hermanos que afirman «dirigir» la ciudad ni mucho menos ser sus «dueños». Las calles no las diseñamos nosotros. Ni las financiamos. Ni las mantenemos como están. Aun así, allí estaba yo, obligado igual que todos los demás a proteger mi cuerpo.

Las bandas, los jóvenes que habían transmutado su miedo en rabia, eran el mayor peligro. Las bandas deambulaban por las manzanas de sus vecindarios, armando escándalo y metiéndose con la gente, porque únicamente por medio del escándalo y la mala educación podían experimentar alguna sensación de seguridad y de poder. Te rompían el mentón, te pateaban la cara y te pegaban un tiro a fin de sentir aquel poder, de disfrutar del poderío de sus cuerpos. Y, encima, aquel disfrute salvaje, aquellos actos pasmosos, les otorgaban renombre. Les permitían labrarse reputaciones y hacían que la gente contara sus atrocidades. Y por eso en mi Baltimore se sabía que cuando Cherry Hill se te acercaba tú dabas media vuelta, o bien que North y Pulaski no eran un cruce de calles, sino un huracán que solamente dejaba astillas y fragmentos tras de sí. Así es como la seguridad de aquellos vecindarios se desplomó y se convirtió en la simple seguridad de los cuerpos que vivían allí. No había que acercarse a Jo-Jo, por ejemplo, porque era primo de Keon, el que mandaba en las Murphy Homes. En otras ciudades, es decir, en otros Baltimore, los vecindarios tenían otros apodos y los chicos se llamaban de otras maneras, pero su misión era la misma: demostrar la inviolabilidad de sus manzanas, de sus cuerpos, por medio de su capacidad para romper rodillas, costillas y brazos. La práctica era tan común que hoy en día puedes acercarte a cualquier persona negra criada en las ciudades de aquella época y todavía se acuerda de qué banda gobernaba cada barrio de su ciudad; y hasta te puede decir los nombres de todos los capitanes y de todos sus primos y hacerte una antología de todas sus hazañas.

A fin de sobrevivir a los vecindarios y proteger mi cuerpo, aprendí un idioma nuevo consistente en un repertorio básico de saludos con la cabeza y apretones de manos. Memoricé una lista de manzanas prohibidas. Aprendí el olor y la sensación de la atmósfera de pelea. Y aprendí también que «Pequeñajo, ¿me enseñas tu bicicleta?» nunca era una pregunta sincera, y que «Colega, te has metido con mi primo» no era ni una acusación verdadera ni tampoco un malentendido. Se trataba de las invocaciones a las que tú respondías plantando el pie izquierdo por delante, el derecho más atrás y protegiéndote la cara con las manos, una un poco por debajo de la otra, preparada para golpear. O bien respondías a ellas echando a correr, metiéndote por callejones, acortando por jardines y por fin entrando en tromba por la puerta de tu casa ante la mirada de tu hermano pequeño, metiéndote en tu habitación y sacando la pipa de tu funda de cuero o de debajo de tu colchón o de la caja de tus Adidas, y a continuación llamando a tus primos (que en realidad no lo eran) y regresando a la misma manzana, el mismo día, para hacer frente a la misma gente y gritarles: «¿Qué, negro, qué pasa ahora?». Recuerdo que aprendí aquellas normas con más claridad que los colores y las formas, porque aquellas leyes eran esenciales para la seguridad de mi cuerpo.

Esto me parece una gran diferencia entre tú y yo. Tú conoces un poco de las viejas normas, pero no son tan esenciales para ti como lo fueron para mí. Estoy seguro de que habrás tenido algún encuentro con algún matón en el metro o en el parque, pero cuando yo tenía tu edad, todos los días un tercio entero de mi cerebro estaba ocupado en decidir con quién iba a ir a la escuela, cuántos seríamos exactamente, cómo caminaríamos, cuántas veces iba yo a sonreír, a quién y a qué iba a sonreír, quién me ofrecería chocar los puños y quién no: todo lo cual significaba que practicaba la cultura de las calles, una cultura dedicada ante todo a proteger el cuerpo. No echo de menos aquella época. No tengo ningunas ganas de «endurecerte» ni de enseñarte «las calles», tal vez porque la «dureza» que yo adquirí me vino sin que yo la quisiera. Creo que siempre fui, de algún modo, consciente del precio. Creo que de algún modo yo sabía que aquel tercio de mi cerebro debería haberse ocupado de cosas más bonitas. Creo que siempre sentí que había algo allí fuera, una fuerza enorme y sin nombre que me había robado... ¿el qué? ¿Mi tiempo? ¿Mi experiencia? Creo que tú conoces algunas cosas que podría haber hecho aquel tercio de mi mente, y por eso creo que debes de sentir la necesidad de escaparte todavía más que yo. Has visto todas las maravillas que se divisan por encima de las copas de los árboles y, sin embargo, al mismo tiempo entiendes que no hay ninguna distancia real entre Trayvon Martin y tú, y, por tanto, Trayvon Martin debe de aterrorizarte de una forma en que jamás pudo aterrorizarme a mí. Has visto muchas más cosas que se pierden cuando destruyen tu cuerpo.

Las calles no eran mi único problema. Si las calles me atenazaban la pierna derecha, la izquierda me la atenazaban las escuelas. Si no entiendes las calles, estás entregando tu cuerpo ahora. Pero si no entiendes las escuelas, estás entregando tu cuerpo más adelante. Yo sufrí a manos de ambas, pero les tenía más resentimiento a las escuelas. Las leyes de la calle no estaban santificadas en absoluto: eran unas leyes amorales y prácticas. Te unías a una banda con la misma seguridad con que te ponías botas para la nieve o levantabas un paraguas cuando llovía. Eran unas leyes orientadas a algo obvio, al enorme peligro que rondaba todas las visitas a Shake & Bake, todos los trayectos en autobús al centro de la ciudad. Pero las normas de la escuela iban orientadas a algo lejano y vago. ¿Qué quería decir, como nos insistían nuestros padres, «crecer y llegar a ser alguien»? ¿Y qué tenía exactamente que ver esto con una educación que asumía la forma de disciplina aprendida de memoria? Que te educaran en Baltimore quería decir principalmente llevar siempre un lápiz extra del número 2 y trabajar en silencio. Los niños educados iban en fila india por el lado derecho del pasillo, levantaban la mano para pedir permiso y llevaban el pase de lavabo cuando iban para allá. Los niños educados nunca ponían excusas y, ciertamente, nunca alegaban el hecho mismo de ser niños. El mundo no tenía tiempo para la infancia de los niños y niñas negros. ¿Cómo podían tenerlo las escuelas? El Álgebra, la Biología y el Inglés no eran tanto asignaturas como oportunidades para disciplinar mejor el cuerpo, para practicar la escritura entre líneas, para copiar las instrucciones de forma legible, para memorizar teoremas extraídos del mundo que habían sido creados para representar. Todo ello me resultaba remoto. Recuerdo estar sentado en mi clase de Francés de séptimo y no tener ni idea de por qué estaba allí. No conocía a nadie de Francia, y a mi alrededor nada me sugería que fuera a conocer a nadie nunca. Francia era una roca que giraba en otra galaxia, alrededor de otro sol, en otro cielo que yo no cruzaría nunca. ¿Por qué exactamente estaba yo sentado en aquella clase?

La pregunta nunca obtuvo respuesta. Yo era un chico curioso, pero a las escuelas no les interesaba la curiosidad. Les interesaba la obediencia. Yo adoraba a unos cuantos de mis profesores. Pero no puedo decir que creyera de veras a ninguno de ellos. Unos años después de salir de la escuela, y después de abandonar los estudios universitarios, oí unos versos de Nas que me llamaron la atención:

> *Ecstasy, coke, you say it's love, it is poison*
> *Schools where I learn they should be burned,*
> *[it is poison*
>
> [Éxtasis, coca, dices que son amor pero son
> [veneno
> Escuelas donde aprendí que había que
> [quemarlos, son veneno.]

Así era exactamente como me sentía entonces. Notaba que las escuelas estaban escondiendo algo, drogándonos con su falsa moralidad para que no viéramos y no hiciéramos preguntas: ¿por qué —para nosotros y solamente para nosotros— el reverso del libre albedrío y el espíritu libre era un asalto a nuestros cuerpos? No era una preocupación hiperbólica. Cuando nuestros mayores nos hablaban de la escuela, no nos la presentaban como lugar de aprendizaje de cosas elevadas, sino como escapatoria de la muerte y del almacenamiento penal. El sesenta por ciento largo de todos los jóvenes negros que abandonan los estudios de secundaria acaban en la cárcel. Esto debería deshonrar al país. Pero no es así, y aunque por entonces yo no podía hacer los cálculos ni sondar la historia, notaba que el miedo que marcaba West Baltimore no se podía explicar por medio de las escuelas. Las escuelas no revelaban verdades, sino que las escondían. Tal vez había que quemarlas para conocer el meollo de aquella situación.

No apto para las escuelas —y en gran medida reacio a ser apto para ellas—, y carente también de destreza para moverme por las calles, sentía que no había escapatoria para mí, ni tampoco, sinceramente, para nadie más. Los chicos y chicas sin miedo que sacaban los puños, llamaban a sus primos y a sus bandas y, si hacía falta, sacaban las pistolas, parecían saber cómo moverse por las calles. Pero su conocimiento alcanzaba el clímax a los diecisiete años, cuando se aventuraban fuera de la casa de sus padres y descubrían que América también tenía pistolas y primos. Yo veía sus futuros en las caras fatigadas de las madres que se subían cansinamente al autobús 28, dando cachetes e insultando a criaturas de tres años. Yo veía sus futuros en los hombres plantados en una esquina que gritaban guarradas a alguna chica porque ella no les sonreía. Algunos mendigaban delante de las licorerías unos cuantos dólares para comprarse una botella. Nosotros les dábamos un billete de veinte y les decíamos que se quedaran con el cambio. Entraban corriendo y volvían con Red Bull, Mad Dog o Cisco. Luego caminábamos hasta la casa de alguien cuya madre trabajara en el turno de noche, poníamos *Fuck tha Police* y bebíamos por nuestra juventud. No teníamos salida. El suelo que pisábamos estaba lleno de cuerdas-trampa. El aire que respirábamos era tóxico. El agua nos impedía crecer bien. No teníamos salida.

Un año después de ver al chico de los ojillos sacar su pistola, mi padre me pegó por dejar que otro chico me robara. Dos años más tarde, me pegó por amenazar a mi profesor de noveno. El hecho de no ser lo bastante violento podía costarme mi cuerpo. El hecho de ser demasiado violento también podía costarme mi cuerpo. No teníamos salida. Yo era un chico capaz, inteligente y popular, pero sentía un miedo tremendo. Y tenía la sensación vaga y silenciosa de que el hecho de que un chico estuviera marcado para aquella vida, y obligado a vivir con miedo, era una gran injusticia. ¿Y de dónde venía aquel miedo? ¿Qué se escondía detrás de la pantalla de humo de las calles y las escuelas? ¿Y qué significaba que los lápices del número 2, las conjugaciones sin contexto, los teoremas pitagóricos, los apretones de manos y los saludos con la cabeza fueran la diferencia entre la vida y la muerte, fueran las cortinas que se cerraban entre el mundo y yo?

Yo no podía retirarme, como hacían muchos, a la iglesia y sus misterios. Mis padres rechazaban todos los dogmas. Rechazábamos las fiestas anuales que nos vendía la gente que quería ser blanca. No nos poníamos de pie para escuchar sus himnos. No nos arrodillábamos ante su Dios. De modo que yo no pensaba que hubiera de mi lado ningún Dios justo. La frase «los mansos heredarán la Tierra» no significaba nada para mí. En West Baltimore a los mansos les partían la cara, en Walbrook Junction los pateaban, en Park Heights les daban palizas, y en las duchas de la cárcel de la ciudad los violaban. Mi entendimiento del universo era físico, y su arco moral descendía hacia el caos y terminaba en un ataúd. Ése era el mensaje del chico de los ojillos al sacar su pipa: un niño esgrimiendo el poder de desterrar a otros niños al reino del recuerdo. El miedo lo gobernaba todo a mi alrededor, y yo sabía, como lo sabe toda la gente negra, que aquel miedo estaba conectado con el Sueño de allí fuera, con los niños carentes de preocupaciones, con las tartas y barbacoas, con las vallas blancas y los jardines verdes que se emitían cada noche por nuestros televisores.

Pero ¿cómo? La religión no podía decírmelo. Las escuelas no me lo podían decir. Las calles no me podían ayudar a ver más allá de la refriega de cada día. Y yo tenía mucha curiosidad. Me habían criado así. Tu abuela me enseñó a leer cuando yo tenía cuatro años.

También me enseñó a escribir, y con eso no me refiero solamente a organizar series de frases en series de párrafos, sino a organizarlas como forma de investigación. Cuando yo tenía problemas en la escuela (que era bastante a menudo), ella me hacía escribir al respecto. La escritura tenía que contestar a una serie de preguntas: ¿por qué sentía yo la necesidad de hablar al mismo tiempo que mi profesor? ¿Por qué no me creía que mi profesor merecía respeto? ¿Cómo quería yo que se comportara la gente cuando yo hablaba? ¿Qué haría yo la vez siguiente que sintiera la necesidad de hablar con mis amigos durante la clase? Te puse esos mismos ejercicios. Y te los puse no porque pensara que fueran a cambiar tu conducta —está claro que no cambiaron la mía—, sino porque fueron los primeros actos de interrogación o de concienciación que llevé a cabo. Tu abuela no me estaba enseñando a comportarme en clase. Me estaba enseñando a examinar exhaustivamente el tema que me suscitaba más compasión y racionalización: yo mismo. Y ahí estaba la lección: yo no era inocente. Mis impulsos no estaban llenos de virtud infalible. Y sabiendo que yo era igual de humano que cualquiera, aquello debía de poder aplicarse también al resto de la humanidad. Si yo no era inocente, tampoco lo eran los demás. ¿Acaso esta mezcla de motivaciones afectaba también a las historias que contaban? ¿A las ciudades que construían? ¿Al país que afirmaban que les había dado Dios?

De pronto las preguntas me empezaron a quemar por dentro. Los materiales para mi investigación estaban a mi alrededor, en forma de libros reunidos por tu abuelo. Por entonces, él trabajaba en la Howard University como bibliotecario investigador del Spingarn Research Center, una de las colecciones más grandes de estudios africanos del mundo. A tu abuelo le encantaban los libros y le siguen encantando, y estaban por toda la casa, libros sobre la gente negra, escritos por gente negra y para gente negra, atiborrando las estanterías hasta no caber en la sala de estar, guardados en cajas en el sótano. Mi padre había sido uno de los capitanes locales del Partido de los Panteras Negras. Yo me leí todos los libros de mi padre sobre los Panteras y su pila de viejos boletines del Partido. Me atraían sus armas de fuego, porque parecían honradas. Parecían dirigirse a este país —que había inventado unas calles protegidas a base de policía despótica— en su idioma primario: la violencia. Y yo comparaba los Panteras con los héroes que me había ofrecido la escuela, hombres y mujeres que me parecían ridículos y contrarios a todo lo que conocía.

Todos los meses de febrero nos juntaban a mis compañeros de clase y a mí para hacer una revisión ritual del Movimiento por los Derechos Civiles. Nuestros profesores nos apremiaban a contemplar el ejemplo que eran los manifestantes por la libertad, los Freedom Riders, los participantes en el Verano de Misisipi, y parecía que el mes no podía pasar sin una serie de películas dedicadas a ensalzar la gloria de recibir palizas frente a las cámaras. Daba la impresión de que a la gente negra que aparecía en aquellas películas le encantaban las peores cosas de la vida; le encantaban los perros que hacían pedazos a sus hijos, el gas lacrimógeno que les aferraba los pulmones, las mangueras que les hacían jirones la ropa y los tiraban al suelo de la calle. Parecía que les encantaban los hombres que los violaban, las mujeres que los insultaban, los niños que les escupían y los terroristas que les ponían bombas. *¿Por qué nos están enseñando esto?* ¿Por qué nuestros héroes eran los únicos que no usaban la violencia? No cuestiono la moralidad del pacifismo, sino la idea de que a los negros les hacía una especial falta aquella moralidad. Por entonces, lo único que yo podía hacer era medir a aquellos amantes de la libertad con los baremos que conocía. Es decir, los comparaba con los niños que sacaban pistolas en el aparcamiento del 7-Eleven, con los padres y madres que blandían cables eléctricos, y con el «¿Qué, negro, qué pasa ahora?». Los juzgaba en relación con el país que conocía, que había adquirido sus tierras a base de asesinatos y las había sometido a base de esclavitud, con el país cuyos ejércitos se desplegaban por el mundo para extender su dominio. El mundo, el de verdad, era una civilización sostenida y gobernada por unos medios salvajes. ¿Cómo podían las escuelas dar valor a unos hombres y mujeres de cuyos valores la sociedad se burlaba abiertamente? ¿Cómo podían soltarnos a nosotros en las calles de Baltimore, sabiendo todo lo que eran, y luego hablarnos de pacifismo?

Llegué a ver las calles y las escuelas como brazos distintos de la misma bestia. Un brazo disfrutaba del poder especial del Estado mientras que el otro gozaba de su permiso implícito. Pero el miedo y la violencia eran las armas de ambos. Si fracasabas en las calles, las bandas te cogían en plena caída y te robaban el cuerpo. Si fracasabas en las escuelas, te expulsaban temporalmente y te mandaban de vuelta a aquellas mismas calles, donde te robaban el cuerpo. Y empecé a ver la relación entre aquellos dos brazos: quienes fracasaban en las escuelas justificaban su destrucción en las calles. La sociedad podía decir: «No tendría que haber dejado los estudios» y luego lavarse las manos.

No importaba que las «intenciones» de los educadores individuales fueran nobles. Olvídate de las intenciones. La «intención» que pueda tener cualquier institución o sus agentes con relación a ti es secundaria. Nuestro mundo es físico. Aprender a jugar de defensa: no hacer caso de la cabeza y mantener el cuerpo con vida. Muy pocos americanos declararán abiertamente que están a favor de dejar a la gente negra a merced de las calles. Sin embargo, hay muchísimos americanos que harán lo que puedan para defender el Sueño. Nadie va a declarar abiertamente que las escuelas se diseñaron para santificar el fracaso y la destrucción. Sin embargo, había muchos educadores que nos hablaban de «responsabilidad personal» en un país creado y mantenido por medio de la irresponsabilidad criminal. La meta de aquel lenguaje de las «intenciones» y las «responsabilidades personales» era la exculpación generalizada. Se cometían equivocaciones. Se rompían cuerpos. Se esclavizaba a la gente. Pero la intención era buena. Se hacía lo que se podía. Las «buenas intenciones» son un pase para ir libremente por los pasillos de la historia, un somnífero que garantiza el Sueño.

Ahora me parecía esencial cuestionar de forma incesante las historias que nos contaban las escuelas. Me parecía incorrecto no preguntar por qué, una y otra vez. Yo le planteaba aquellas preguntas a mi padre, que muy a menudo se negaba a darme respuestas y me remitía nuevamente a los libros. Mis padres siempre me alejaban de las respuestas de segunda mano; incluyendo las respuestas en las que ellos mismos creían. No estoy seguro de haber encontrado ninguna respuesta satisfactoria por mi cuenta. Sin embargo, cada vez que me hago una pregunta, ésta se depura. Eso es lo mejor de aquello que las mentes de antaño denominaban tener «conciencia política»;

que es una serie de acciones pero también un modo de existir, un cuestionamiento constante, el cuestionamiento como ritual, el cuestionamiento no como búsqueda de certidumbre, sino como exploración. Yo tenía claras algunas cosas: el hecho, por ejemplo, de que la violencia que atenazaba al país y que tan flagrantemente se exponía durante el Mes de la Historia Negra, y la violencia íntima del «¿Qué, negro, qué pasa ahora?» estaban relacionadas. Y que no se trataba de violencias mágicas, sino coherentes y planeadas.

Pero ¿cuál era exactamente su plan? ¿Y por qué? Necesitaba saberlo. Tenía que salir de allí... pero ¿adónde iba a ir? Devoraba los libros porque eran los rayos de luz que se filtraban por el marco de la puerta, y quizá al otro lado de aquella puerta hubiera otro mundo, un mundo situado más allá del miedo que afianzaba el Sueño.

En aquel florecimiento de mi conciencia, en aquel periodo de intenso cuestionamiento, yo no estaba solo. Las semillas plantadas en la década de 1960, olvidadas por tantos, brotaron del suelo y dieron fruto. Malcolm X, que llevaba veinticinco años muerto, emergió violentamente de los pequeños círculos de los apóstoles que lo habían sobrevivido y regresó al mundo. Los artistas de hip-hop lo citaban en sus letras, intercalaban fragmentos de sus discursos en las pausas o bien mostraban su cara en sus vídeos. Hablo de principios de los noventa. Por entonces ya me faltaba poco para marcharme de casa de mis padres y me estaba preguntando cómo sería mi vida fuera de ella. Si por entonces pudiera haber elegido una bandera, en ella habría bordado un retrato de Malcolm X, trajeado, con la corbata colgando, apartando una cortina con una mano y sosteniendo un rifle con la otra. El retrato comunicaba algo que yo quería ser: un hombre provisto de autocontrol, inteligente y situado más allá del miedo. Me compraba cintas de los discursos de Malcolm X —«Mensaje a las bases», «La papeleta o la bala»— en la Everyone's Place, una librería negra de North Avenue, y me las ponía en el walkman. Allí estaba toda la rabia que yo sentía hacia los héroes de Febrero, destilado y citable. «No entregues tu vida, consérvala —decía—. Y si la tienes que entregar, entrégala a cambio de otra.» No era una jactancia; era una declaración de igualdad no arraigada en unos ángeles mejores que la gente ni en el espíritu intangible, sino en la santidad del cuerpo negro. Tenías que conservar tu vida porque tu vida, y tu cuerpo, eran igual de buenos que los de cualquiera, porque tu sangre valía su peso en oro, y no había que venderla nunca a cambio de magia, de cuestiones espirituales inspiradas por un más allá incognoscible. No tenías que entregar tu valioso cuerpo a las cachiporras ni a los sheriffs de Birmingham ni a la insidiosa fuerza gravitatoria de las calles. Lo negro es hermoso;

en otras palabras, el cuerpo negro es hermoso, hay que proteger el pelo negro de la tortura de los tratamientos y la lejía, hay que proteger la piel negra del blanqueamiento y hay que proteger nuestras narices y bocas de la cirugía moderna. Todos somos nuestros cuerpos hermosos y, por tanto, nunca hemos de postrarnos ante los bárbaros, nunca hemos de someter a nuestro yo original, a nuestro ser único, a la desfiguración y el saqueo.

A mí me encantaba Malcolm porque Malcolm no mentía nunca, a diferencia de las escuelas con su fachada de moralismo, a diferencia de las calles con su bravuconería, a diferencia del mundo de los soñadores. A mí me encantaba porque hablaba claro, y no en términos místicos ni esotéricos, porque su ciencia no estaba arraigada en actos de fantasmas ni de dioses misteriosos, sino en las acciones del mundo físico. Malcolm fue el primer pragmatista político que conocí y el primer hombre honrado al que oí. No le interesaba reconfortar en sus creencias a la gente que creía ser blanca. Si estaba furioso, lo decía. Si odiaba, odiaba porque es humano que el esclavo odie al esclavista, igual de natural que el hecho de que Prometeo odiara a los pájaros. Él no te iba a poner la otra mejilla. Él no quería ser un hombre mejor para ti. No quería ser tu moralidad. Malcolm hablaba como un hombre libre, como un hombre negro que estaba por encima de las leyes que proscribían nuestra imaginación. Yo me identificaba con él. Sabía que había tenido roces con las escuelas y que las calles habían estado a punto de destruirlo. Pero por encima de todo sabía que se había encontrado a sí mismo mientras estudiaba en la cárcel, y que al salir de ella había regresado esgrimiendo un poder antiguo que le hacía hablar como si su cuerpo fuera suyo. «Si eres negro, has nacido en la cárcel», decía Malcolm. Y yo sentía la verdad de aquello en las manzanas que tenía que evitar, en las horas del día en las que no podían pillarme caminando de la escuela a casa, en mi falta de control sobre mi cuerpo. Tal vez yo también pudiera vivir libre. Tal vez yo también pudiera esgrimir el mismo antiguo poder que animaba a los antepasados, que había vivido en Nat Turner, Harriet Tubman, Nanny, Cudjoe y Malcolm X, y hablar —o mejor dicho, actuar— como si mi cuerpo fuera mío.

Mi reclamación, igual que la de Malcolm, se vería satisfecha gracias a los libros, gracias a mi estudio y mi investigación. Tal vez algún día pudiera escribir algo relevante. Llevaba toda la vida leyendo y escribiendo fuera del ámbito de las escuelas. Me dedicaba a garabatear poesía y letras de rap malas. La atmósfera de la época estaba llena de llamadas a un regreso a las cosas de antaño, a algo esencial, a una parte de nosotros que había quedado atrás durante el abandono precipitado del pasado y la llegada a América.

Aquellas cosas perdidas, aquella esencia desaparecida, era lo que explicaba a los chavales de la esquina y a las «criaturas que tenían criaturas». Lo explicaba todo, desde nuestros padres adictos al crack, pasando por el VIH y hasta la piel decolorada de Michael Jackson. Las cosas perdidas estaban relacionadas con el saqueo de nuestros cuerpos, con el hecho de que cualquier reclamación que hiciéramos de nosotros mismos, de las manos que nos protegían, del espinazo que nos mantenía erguidos y de la mente que nos dirigía, se podía cuestionar. Todo esto fue dos años antes de la Marcha del Millón de Hombres. Yo me ponía casi a diario el álbum de Ice Cube *Death Certificate*: «*Let me live my life / if we can no longer live our life / then let us give our life for the liberation / and the salvation of the black nation*» [«Dejame vivir mi vida / si ya no podemos vivir nuestra vida / dejadnos entonces que demos nuestra vida por la liberación / y la salvación de la nación negra»]. Veía todas las semanas los episodios sobre el Black Power de la serie «Eyes on the Prize». Me perseguía la sombra de la generación de mi padre, la de Fred Hampton y Mark Clark. Me atormentaban el sacrificio corporal de Malcolm y las historias de Attica y Stokely. Me obsesionaban aquellas cosas porque yo creía que era entonces cuando nos habíamos rendido, cuando nos habían derrotado la COINTELPRO y la huida negra y las drogas, mientras que ahora, en la era del crack, ya solamente nos quedaban nuestros miedos. Tal vez deberíamos volver atrás. Eso era lo que yo oía en el llamamiento a «ser auténticos». Tal vez deberíamos regresar a nosotros mismos, a nuestras calles primitivas, a nuestra fortaleza, a nuestro pelo rebelde. Tal vez deberíamos regresar a La Meca.

Mi única Meca fue, es y será siempre la Howard University. Te lo he intentado explicar muchas veces. Tú dices que me escuchas y que me entiendes, pero yo no estoy muy seguro de que la fuerza de mi Meca —de La Meca— se pueda traducir a tu idioma nuevo y ecléctico. Ni siquiera estoy seguro de que haya de traducirse a él. Mi tarea consiste en ofrecerte lo que conozco de mi senda personal y permitirte a ti que sigas la tuya. Tú ya no puedes ser negro de la misma forma que lo fui yo, igual que yo no pude serlo como lo fue tu abuelo. Y aun así, sostengo que incluso un chico cosmopolita como tú puede encontrar algo ahí: una base, incluso en estos tiempos modernos, un puerto en medio de la tormenta americana. Probablemente me influyan demasiado la nostalgia y la tradición. Tu abuelo trabajaba en la Howard. Tus tíos Damani y Menelik y tus tías Kris y Kelly se graduaron en ella. Allí conocí a tu madre, a tu tío Ben y a tus tías Kamilah y Chana.

A mí me admitieron en la Howard University, pero me eduqué y me formé en La Meca. Se trata de dos instituciones relacionadas pero distintas. La Howard University es una institución de enseñanza superior, dedicada a las pruebas de ingreso en Derecho, los *magna cum laude* y la Phi Beta Kappa. La Meca es una máquina construida para captar y concentrar la energía oscura de todos los pueblos africanos e inyectarla directamente en el cuerpo estudiantil. La Meca extrae su poder del legado de la Howard University, que en la era de la segregación tenía prácticamente el monopolio del talento negro. Y aunque había otras universidades históricamente negras en el enorme yermo de la Vieja Confederación, la Howard estaba en Washington D. C. —la ciudad de chocolate—, y, por tanto, situada cerca tanto del poder federal como del poder negro. El resultado era una comunidad de exalumnos y un profesorado que abarcaba ambos géneros y varias generaciones: Charles Drew, Amiri Baraka, Thurgood Marshall, Ossie Davis, Doug Wilder, David Dinkins, Lucille Clifton, Toni Morrison, Kwame Ture. Su historia, su ubicación y sus exalumnos se combinaron para crear La Meca: la encrucijada de la diáspora negra.

Presencié por primera vez aquel poder en el Yard, el espacio verde comunitario que había en el centro del campus, donde los estudiantes se reunían y donde pude ver todo lo que conocía de mi yo negro multiplicado en forma de variaciones aparentemente interminables. Había herederos de aristócratas nigerianos trajeados entrechocando puños con chavales del gueto de cabeza afeitada en anoraks violeta y Timberlands marrones. Había vástagos de piel clara de predicadores de la Iglesia Metodista Episcopal Africana. Había chicas californianas convertidas al islam, renacidas, con falda larga y hiyab. Había practicantes de la estafa Ponzi y sectarios cristianos, fanáticos del Tabernáculo y genios de las matemáticas. Era como escuchar cien versiones distintas de *Redemption Song*, cada una con un tono y una clave distintos. Y a todo ello se le sobreponía la historia de la propia Howard. Yo era consciente de estar siguiendo literalmente los pasos de todas las Toni Morrison y las Zora Neale Hurston, de todos los Sterling Brown y Kenneth Clark que habían pasado por allí antes de mí. La Meca —la expansión de la gente negra por el espaciotiempo— se podía experimentar durante un simple paseo de veinte minutos por el campus. Yo veía aquella expansión en los estudiantes que charlaban delante del Frederick Douglass Memorial Hall, donde Muhammad Ali se había dirigido a sus padres y madres en defensa de la guerra de Vietnam. Yo había visto su extensión épica en los estudiantes que estaban junto al Ira Aldridge Theater, donde antaño había cantado Donny Hathaway, donde Donald Byrd había congregado una vez a su rebaño. Los estudiantes salían con sus saxofones, trompetas y tambores, tocaban *My favorite things* o *Someday my prince will come*. Otros estudiantes se juntaban en la hierba de delante del Alain Locke Hall, vestidos de colores rosa y verde, y entonaban cánticos, cantaban, marcaban el ritmo con los pies, aplaudían y bailaban. Había chicas de la residencia universitaria de Tubman Quadrangle, venidas con sus compañeras de habitación y sus cuerdas para saltar a la doble comba. Había residentes del Drew Hall, con las gorras ladeadas y las mochilas colgando de un hombro, entregados a prodigiosos trabalenguas de percusión vocal y rimas. Algunas de las chicas se sentaban junto al poste de la bandera con sus libros de Bell Hooks y de Sonia Sanchez en sus bolsos de mimbre. Algunos de los chicos, con sus nuevos nombres en yoruba, intentaban camelárselas citándoles a Frantz Fanon. Algunos estudiaban ruso. Algunos trabajaban en laboratorios anatómicos. Los había panameños. Los había bajan. Y otros eran de lugares que no me sonaban de nada. Pero siempre sitios calurosos e increíbles, hasta exóticos, por mucho que todos viniéramos de la misma tribu.

El mundo negro se estaba expandiendo ante mis ojos, y ahora veía que aquel mundo era más que un negativo fotográfico que el de la gente que se cree blanca. La «América blanca» es un sindicato organizado de cara a proteger su poder exclusivo para dominar y controlar nuestros cuerpos. A veces se trata de un poder directo (linchamientos) y a veces insidioso (el trazado de límites). Pero independientemente de cómo se manifieste, el poder para dominar y excluir es inherente a la creencia de ser blanco; sin él, la «gente blanca» dejaría de tener razones para existir. Seguramente siempre habrá gente con el pelo lacio y los ojos azules, igual que la habido durante toda la historia. Pero alguna de esa gente de pelo lacio y ojos azules ha sido «negra», y esto señala la gran diferencia entre su mundo y el nuestro. Nosotros no elegimos nuestras verjas. Nos las impusieron unos plantadores de Virginia obsesionados con esclavizar a todos los americanos que pudieran. Son ellos quienes se inventaron la norma de que una sola gota de sangre separaba a los «blancos» de los «negros», por mucho que significara que sus propios hijos de ojos azules vivieran bajo el látigo. El resultado es un pueblo, el pueblo negro, que abarca todas las variedades físicas, y cuyas biografías reflejan ese espectro físico. A través de La Meca, vi que éramos, en nuestro cuerpo político segregado, cosmopolitas. La diáspora negra no era únicamente nuestro mundo, sino en muchos sentidos el mundo occidental entero.

Ahora bien, los herederos de aquellos plantadores de Virginia jamás podrían reconocer directamente aquel legado ni tener en cuenta su poder. De forma que aquella belleza que Malcolm nos hizo jurar que protegeríamos, la belleza negra, jamás se celebraba ni en el cine ni en la televisión ni en los libros de texto que yo había conocido de niño. Todo el mundo que tenía alguna importancia, desde Jesucristo a George Washington, era blanco. Por eso tus abuelos prohibieron en su casa a Tarzán, al Llanero Solitario y todos los juguetes de caras blancas. Se estaban rebelando contra los libros de historia que sólo hablaban de la gente negra en términos sentimentales, como los «primeros» en hacer algo —el primer general negro de cinco estrellas, el primer congresista negro, el primer alcalde negro—, siempre presentándolos con ese formato de acertijo con que se presentan las categorías del Trivial Pursuit. La historia seria era Occidente, y Occidente era blanco. Yo veía todo esto resumido en una cita del novelista Saul Bellow que leí una vez. No me acuerdo de dónde la leí ni de cuándo, solamente sé que ya estaba en la Howard. «¿Quién es el Tolstói de los zulús?», bromeaba Bellow. Tolstói era «blanco», por tanto era «importante», igual que era «importante» el resto de las cosas blancas. Y esta visión del mundo estaba conectada con el miedo que nosotros nos pasábamos de generación en generación y con nuestra sensación de desposesión. Éramos negros, estábamos fuera del espectro de lo visible y fuera de la civilización. Nuestra historia era inferior porque nosotros éramos inferiores, lo cual quería decir que nuestros cuerpos eran inferiores. Y a nuestros cuerpos inferiores no se les podía otorgar el mismo respeto que a los que habían construido Occidente. ¿No sería mejor entonces que alguien civilizara nuestros cuerpos, los mejorara y les diera algún uso cristiano legítimo?

Para contrarrestar esta teoría yo tenía a Malcolm. Tenía a mis padres. Tenía mis lecturas de todos los números de *The Source* y de *Vibe*. Y no los leía solamente porque me encantara la música negra —que me encantaba—, sino por la escritura en sí. En sus páginas había periodistas como Greg Tate, Chairman Mao, dream hampton —apenas mayores que yo— que estaban creando un idioma nuevo, un idioma que yo entendía de forma intuitiva, destinado a analizar nuestro arte y nuestro mundo. Y eso en sí mismo ya era un argumento a favor del peso y la belleza de nuestra cultura y, por tanto, de nuestros cuerpos. Y ahora, a diario, en el Yard, yo sentía aquel peso y veía aquella belleza, no solamente en teoría, sino también como algo demostrable. Y sentía también un deseo desesperado de comunicarle aquella evidencia al mundo, porque sentía —aunque no lo supiera del todo— que el hecho de que la cultura general se dedicara a borrar la belleza negra estaba íntimamente relacionado con la destrucción de los cuerpos negros.

Lo que hacía falta era un nuevo relato, una nueva historia contada desde la perspectiva de nuestra lucha. Yo siempre había sabido esto; había leído los escritos de Malcolm sobre la necesidad de una nueva historia, había visto esa necesidad tratada en los libros de mi padre. Estaba en la promesa que subyacía a sus grandes títulos: *Children of the Sun*, *Wonderful Ethiopians of the Ancient Cushite Empire*, *The African Origin of Civilization*. Allí estaba no solamente nuestra historia, sino también la historia del mundo, convertida en arma que usar para nuestros nobles fines. Allí estaba la sustancia primordial de nuestro Sueño —el Sueño de una «raza negra»—, de nuestros Tolstói que habían vivido en las profundidades del pasado africano, donde nosotros habíamos escrito óperas, habíamos sido pioneros de un álgebra secreta, habíamos construido murallas decoradas, pirámides, colosos, puentes, carreteras y todos los inventos que yo por entonces pensaba que tenían que legitimar a una estirpe para incluirla en las filas de la civilización. Ellos tenían a sus campeones y en algún lugar nosotros debíamos tener a los nuestros. Por entonces había leído a Chancellor Williams, a J. A. Rogers y a John Jackson, escritores centrales del canon de nuestra nueva y noble historia. Gracias a ellos yo sabía que el Mansa Musa de Mali era negro, y que el faraón Shabaka de Egipto era negro, y que Yaa Asantewaa de Ashanti era negra, y suponía que «la raza negra» era algo que había existido desde tiempos inmemoriales, algo real e importante.

Cuando llegué a la Howard, el libro de Chancellor Williams *Destruction of Black Civilization* era mi

Biblia. Williams también había dado clases en la Howard. Lo leí a los dieciséis años, y su obra me ofreció una gran teoría de los muchos milenios de saqueo europeo. La teoría me liberó de ciertas cuestiones inquietantes —ésa es la meta del nacionalismo— y me dio a mi Tolstói. Leí la historia de la reina Nzinga, que había gobernado África Central en el siglo XVI, resistiendo a los portugueses. Leí la historia de su negociación con los holandeses. Cuando el embajador holandés intentó humillarla negándole un asiento, Nzinga le demostró su poder ordenando a una de sus consejeras que se pusiera de cuatro patas para sentarse sobre ella. Aquélla era la clase de poder que yo buscaba, y la historia de nuestra realeza se convirtió en arma para mí. La teoría con la que yo trabajaba entonces presentaba a toda la gente negra como reyes en el exilio, una nación de hombres originales arrancados de nuestros nombres originales y de nuestra majestuosa cultura nubia. Aquél debió de ser el mensaje que me encontré al contemplar el Yard. ¿Acaso algún pueblo de algún lugar había sido más grande y hermoso que nosotros?

Necesitaba más libros. En la Howard University, una de las mayores colecciones de libros era la que se encontraba en el Moorland-Spingarn Research Center, donde había trabajado tu abuelo. En el Moorland había archivos, documentos y colecciones, y prácticamente hasta el último libro escrito por o sobre gente negra. Durante la mayor parte de mi tiempo en La Meca, seguí un ritual muy simple. Entraba en la sala de lectura del Moorland y rellenaba tres solicitudes de tres libros distintos. Me sentaba a una de las largas mesas. Sacaba mi bolígrafo y uno de mis cuadernos de escritura blancos y negros. Abría los libros y a medida que leía me dedicaba a llenar mis cuadernos de notas sobre mi lectura, de palabras nuevas para mi vocabulario y de frases de mi invención. Llegaba por la mañana y pedía, de tres en tres, las obras de todos los escritores de los que había oído hablar en las aulas o en el Yard: Larry Neal, Eric Williams, George Padmore, Sonia Sanchez, Stanley Crouch, Harold Cruse, Manning Marable, Addison Gayle, Carolyn Rodgers, Etheridge Knight, Sterling Brown. Recuerdo que creía que la clave de la vida consistía en explicar la diferencia exacta entre «la estética negra» y la «negritud». ¿Cómo había subdesarrollado exactamente Europa a África? Tenía que saberlo. Y si los faraones de la decimoctava dinastía estuvieran vivos hoy, ¿vivirían en Harlem? Necesitaba devorar todas esas páginas.

Emprendí aquella investigación imaginando que la historia era una narración unificada, libre de debates, y que, una vez desvelada, simplemente verificaría todo lo que yo siempre había sospechado. La cortina de humo se disiparía. Y los villanos que manipulaban las escuelas y las calles quedarían desenmascarados. Pero había muchísimo que aprender, muchísima geografía que cubrir: África, el Caribe, las Américas, Estados Unidos. Y todas aquellas zonas tenían su propia historia, sus cánones literarios enormes, su trabajo de campo y sus etnografías. ¿Por dónde tenía que empezar yo?

Los problemas llegaron casi de inmediato. En vez de una tradición coherente desfilando al unísono, solamente encontré facciones y facciones dentro de otras facciones. Hurston se peleaba con Hughes, Du Bois le hacía la guerra a Garvey y Harold Cruse luchaba contra todos. Yo me sentía en el puente de mando de una embarcación enorme que no podía controlar porque C. L. R. James era una ola gigantesca y Basil Davidson era un remolino salvaje que me zarandeaba. Las cosas que había creído sólo una semana antes, las ideas que había sacado de un libro, podían quedar fácilmente hechas trizas por otro. ¿Acaso conservábamos algo de nuestra herencia africana? Frazier decía que había quedado completamente destruida, y que aquella destrucción era una prueba de lo terribles que habían sido nuestros captores. Herskovitz decía que seguía viva y que eso demostraba la capacidad de adaptación de nuestro espíritu africano. Llegado mi segundo año, ya me resultaba natural pasar un día típico haciendo de mediador entre la integración en América de Frederick Douglass y la huida al nacionalismo de Martin Delany. Quizá de alguna forma los dos tuvieran razón. Yo había llegado en busca de unas filas cerradas, deseoso de pasar revista a unos campeones que desfilaban ordenadamente. Y, en cambio, me encontré con una bronca entre antepasados, con un rebaño de disidentes, que a veces desfilaban juntos pero más a menudo no querían ni acercarse los unos a los otros.

De vez en cuando hacía una pausa en mis lecturas, salía a pasear entre los vendedores ambulantes que flanqueaban las calles y almorzaba en el Yard. Me imaginaba a Malcolm, con su cuerpo encerrado en una celda, estudiando, sacrificando sus ojos humanos a cambio del poder de la huida. Y me sentía encerrado también yo por mi ignorancia, por aquellas preguntas que todavía no había entendido que eran un simple medio, por mi falta de comprensión, y por la propia Howard. Seguía siendo una universidad, a fin de cuentas. Yo quería investigar cosas, aprender cosas, pero no conseguía casar los medios de aprendizaje que me llegaban de forma natural con las expectativas de mis profesores. Para mí la búsqueda de conocimiento era pura libertad, era el derecho a declarar tus propias curiosidades y a desarrollarlas por medio de toda clase de libros. Yo estaba hecho para la biblioteca, no para las aulas. El aula era una cárcel de intereses ajenos. La biblioteca era algo abierto, ilimitado, libre. Yo me estaba descubriendo lentamente a mí mismo. Las mejores partes de Malcolm me señalaban el camino. Malcolm, siempre cambiando, siempre evolucionando hacia una verdad que en última instancia estaba fuera de los límites de su vida, de su cuerpo. Yo me sentía en movimiento, todavía dirigido hacia la posesión total de mi cuerpo, pero por medio de una nueva ruta que hasta entonces no me podría haber imaginado.

Y no estaba solo en mi búsqueda. En La Meca conocí a tu tío Ben. Él venía, igual que yo, de una de aquellas ciudades cuya vida cotidiana se parecía tan poco al Sueño que la situación exigía una explicación. Y había llegado a La Meca, igual que yo, en busca del origen de aquella diferencia abismal. Los dos compartíamos un saludable escepticismo y una fe profunda en que podíamos escapar leyendo. Las mujeres lo amaban, y qué lugar era la Howard para que te amaran; se decía, y nosotros ciertamente así lo creíamos, que en ningún lugar de la Tierra podía uno encontrar a tantas mujeres hermosas juntas como en el Yard de la Howard University. Y en cierto sentido también aquello formaba parte de nuestra búsqueda: la belleza física del cuerpo negro era la encarnación de toda nuestra belleza, histórica y cultural. Tu tío Ben se convirtió en mi compañero de fatigas de por vida, y yo descubrí que tenía algo especial compartir fatigas con gente negra que conocía bien la naturaleza de nuestro viaje porque también lo había emprendido.

De vez en cuando salía a la ciudad y me encontraba a otros investigadores como yo en charlas, firmas de libros y lecturas poéticas. Yo todavía escribía poesía mala. Y luego la leía en sesiones de micrófono abierto celebradas en cafés locales y a las que asistían principalmente otros poetas que también sentían la inseguridad de sus cuerpos. Todos eran mayores y más sabios que yo, y muchos eran gente muy leída que aplicaban su sabiduría a mí y mi obra. ¿Qué quería decir yo, *concretamente*, con lo de la pérdida de mi cuerpo? Y si realmente todos los cuerpos negros eran preciosos y únicos, si Malcolm tenía razón y uno estaba obligado a preservar su vida, ¿cómo podía yo ver aquellas vidas tan valiosas como una simple masa colectiva, como el residuo amorfo de un saqueo? ¿Cómo podía yo privilegiar el espectro de la energía oscura por encima de los rayos individuales de luz? Éstos eran comentarios sobre la escritura, y, por tanto, también comentarios sobre el pensamiento. El Sueño se alimentaba de generalizaciones, de limitar el número de preguntas posibles, de privilegiar las respuestas inmediatas. El Sueño era enemigo de todo arte, del pensamiento valiente y de la escritura sincera. Y pronto fue quedando claro que todo esto se aplicaba no solamente a los sueños inventados por los americanos para justificarse a sí mismos, sino también a los sueños que yo había invocado para reemplazarlos. Había pensado que tenía que reflejar el mundo de fuera como un espejo, crear un duplicado de los alegatos blancos sobre la civilización. Pero ahora se me empezó a ocurrir cuestionar la lógica misma de esos alegatos. Me había olvidado de la introspección que me obligaba a realizar mi madre, o mejor dicho, todavía no había captado la profundidad de su significado, ni el hecho de que era una introspección que duraba toda la vida. Únicamente estaba empezando a aprender a recelar de mi propia humanidad, de mi rabia y de mi dolor; todavía no era consciente de que la bota que te pisa el cuello puede no sólo ennoblecerte, sino también hacer que te engañes a ti mismo.

El arte que empecé a amar por aquella época vivía en aquel vacío, en lo que todavía no se podía conocer, en el dolor, en el cuestionamiento. Los poetas mayores me presentaron a una serie de artistas que sacaban su energía de aquel vacío: Bubber Miley, Otis Redding, Sam and Dave, C. K. Williams, Carolyn Forché. Aquellos poetas mayores eran Ethelbert Miller, Kenneth Carroll, Brian Gilmore. Es importante mencionarte sus nombres para que entiendas que nunca he conseguido nada yo solo. Recuerdo haberme sentado con Joel Dias-Porter, que no había ido a la Howard aunque yo lo había conocido en La Meca, y repasar hasta el último verso de «Middle Passage» de Robert Hayden. A mí me asombraba todo lo que Hayden conseguía decir sin que pareciera que estaba diciendo nada; era capaz de evocar el placer y la agonía sin escribir literalmente aquellas palabras, plasmándolos en forma de imágenes y no de eslóganes. Hayden se imaginaba a los esclavos durante su travesía del Atlántico, desde la perspectiva de los esclavistas; eso en sí mismo ya era algo que no me entraba en la cabeza. ¿Por qué había que permitir hablar al esclavista? Pero los poemas de Hayden no hablaban. Invocaban:

No se puede abatir ese odio con la mirada
ni encadenar el miedo que acecha en las
[guardias.

Yo no estaba en ninguna embarcación de esclavos. O tal vez sí, porque una gran parte de lo que había sentido en Baltimore, el odio cerval, el deseo inmortal y la voluntad atemporal, lo veía también en la obra de Hayden. Y era lo mismo que había oído en Malcolm, pero nunca de aquella forma: silencioso, puro y sin adornos. Yo estaba aprendiendo el oficio de la poesía, que en realidad era una versión intensiva de lo que mi madre me había enseñado tantos años atrás: el oficio de escribir entendido como arte de pensar. La poesía busca una economía de la verdad; hay que descartar las palabras vagas e inservibles, y yo descubrí además que aquellas palabras vagas e inservibles no estaban tan lejos de los pensamientos vagos e inservibles. La poesía no era una simple transcripción de ideas; la escritura hermosa casi nunca lo es. Yo quería aprender a escribir, lo cual seguía siendo en última instancia, tal como me había enseñado mi madre, un enfrentamiento con mi propia inocencia y mis propias racionalizaciones. La poesía consistía en procesar mis pensamientos hasta que la escoria de la justificación se desprendía y me quedaba con las frías verdades de acero de la vida.

Aquéllas eran las verdades que yo oía en la obra de otros poetas de la ciudad. Estaban hechas de cosas pequeñas y duras: tíos y tías, pausas para fumar después del acto sexual, chicas en la entrada de sus casas bebiendo en frascos de conserva. Aquellas verdades llevaban al cuerpo negro más allá de los eslóganes y le daban color y textura, y de este modo reflejaban el espectro que yo veía en el Yard en mayor medida que toda mi charla aliterativa sobre pistolas y revoluciones o que mis panegíricos a las dinastías perdidas de la Antigüedad africana. A la salida de aquellas lecturas seguía a los poetas hasta la calle U o bien hasta un café para charlar sobre todo: libros, política, boxeo. Y sus argumentos reforzaban la tradición discordante que yo encontraba en el Moorland, de forma que empecé a ver la discordia, la discusión, el caos y quizá incluso el miedo como modalidades de poder. Estaba aprendiendo a vivir con la intranquilidad que sentía en el Moorland-Spingarn, con el desorden de mi mente. La incomodidad acuciante, el caos y el vértigo intelectual no eran motivo de alarma. Eran un faro.

Empecé a pensar que la meta de mi educación era una modalidad de la incomodidad, un proceso que no me suministraría mi propio Sueño, sino que derrocaría todos los sueños, todos los mitos reconfortantes de África, de América y de todos los lados, y que me dejaría únicamente con la humanidad en su condición más terrible. Y había muchísimas cosas terribles allí fuera, incluso entre nosotros. Tienes que entender esto.

Por entonces sabía, por ejemplo, que en las afueras mismas de Washington D. C. había un enclave enorme de gente negra que parecía haber obtenido el control sobre sus cuerpos en la misma medida que el resto de la población. Aquel enclave era el condado de Prince George —«condado de PG» para los nativos—, y desde mi perspectiva era un lugar muy rico. Sus residentes tenían las mismas casas con los mismos jardines y los mismos cuartos de baño que yo había visto en los reportajes de la tele. Era una gente negra que elegía a sus propios políticos, pese a que aquellos políticos, tal como descubrí pronto, hicieran de superintendentes de una fuerza policial igual de salvaje que las del resto de América. Había oído contar historias del condado de PG a aquellos mismos poetas que estaban abriendo mi mundo. Ellos me aseguraban que la policía del condado de PG no era policía ni nada, sino mercenarios, gánsteres, pistoleros y saqueadores que operaban al amparo de la ley. Y me contaron todo esto porque querían proteger mi cuerpo. Pero allí había otra lección: no había que jactarse del mero hecho de ser negro y hermoso. Ser negros no nos hacía inmunes a la lógica histórica ni a la seducción del Sueño. El escritor, que era en lo que yo empezaba a convertirme, debía recelar de todos los Sueños y todas las naciones, incluida la suya propia. Tal vez de la suya más que de ninguna, justamente por ser suya.

Comencé a tener la sensación de que, si quería ser verdaderamente libre, iba a necesitar algo más que una vitrina de trofeos nacionales, y de eso tengo que dar gracias al Departamento de Historia de la Howard University. A mis profesores de Historia no les importaba decirme que mi búsqueda de mitos estaba condenada, que los relatos que me quería contar a mí mismo no se correspondían con la verdad. Es más, pensaron que era su deber desmontarme aquella historia que yo había convertido en arma. Habían visto muchos malcolmitas antes que a mí y estaban preparados. Su método era áspero y directo. ¿De verdad la piel negra conllevaba nobleza? ¿Siempre? *Sí.* ¿Y qué pasaba con los negros que habían practicado el esclavismo durante milenios y que habían vendido esclavos primero al otro lado del Sáhara y después al otro lado del océano? *Víctimas de un engaño.* Pero ¿no eran los mismos reyes negros quienes habían engendrado la civilización entera? En ese caso, ¿cómo podían ser a la vez dueños derrocados de la galaxia y marionetas crédulas? ¿Y qué quería decir yo con lo de «negro»? *Ya sabe usted: negro.* ¿Acaso pensaba que aquella era una categoría atemporal que se remontaba al pasado remoto? *¿Sí?* ¿Acaso había que suponer que, como el color de la piel era importante para mí, lo había sido siempre?

Recuerdo que hice un curso intensivo sobre África Central. Mi profesora, Linda Heywood, era una mujer menuda y con gafas que esgrimía su acento cantarín de Trinidad como si fuera un martillo contra los jóvenes estudiantes como yo que confundíamos la propaganda política con la seriedad en los estudios. Su África no tenía nada de romántico, o mejor dicho, no tenía nada del romanticismo que yo le había conferido. Y eso que se remontó al legado de la reina Nzinga —mi Tolstói—, la misma Nzinga cuya vida yo quería colocar en mi vitrina de trofeos. Pero cuando nos contó la historia de cómo Nzinga había llevado a cabo sus negociaciones sobre la espalda de la mujer, lo contó sin ningún lustre de fantasía, y aquello me impactó con toda la fuerza de un puñetazo inesperado. De todos los personajes de aquella escena remota, mi cuerpo —que cualquiera podía romper a voluntad, que corría peligro en las calles y pasaba miedo en las escuelas— no estaba más cerca del de la reina, sino del de su consejera, reducida a la condición de silla para que pudiera sentarse una reina, la heredera de todo lo que ella había visto.

Asistí a unas clases sobre la Europa de después de 1800. Vi a gente negra representada a través de ojos «blancos» que no se parecía a nada que hubiera visto antes: una gente negra de apariencia regia y humana. Recuerdo el rostro suave de Alessandro de Medici, el porte regio del rey mago negro de El Bosco. Aquellas imágenes, pintadas en los siglos XVI y XVII, contrastaban con las que se habían creado después de la esclavitud, con las caricaturas del Sambo que yo conocía de siempre. ¿Cuál era la diferencia? En mi curso sobre América había visto retratos de irlandeses representados con las mismas expresiones voraces, lujuriosas y simiescas. Quizá nuestros cuerpos no fueran los únicos que habían sido objeto de burlas, aterrorizados e inseguros. Quizá los irlandeses también hubieran perdido alguna vez sus cuerpos. Quizá que te llamaran *negro* no tenía nada que ver con todo esto; tal vez *negro* no era más que la palabra que usaba cierta gente para llamar a quienes estaban abajo del todo, seres humanos convertidos en objetos, objetos convertidos en parias.

Aquel montón de descubrimientos fue una carga. Y me resultó físicamente dolorosa y agotadora. Cierto, estaba empezando a disfrutar del mareo y del vértigo que acompañan cualquier odisea. Pero aquellos primeros momentos y sus contradicciones incesantes me deprimieron. Mi piel no tenía nada sagrado ni especial; yo era negro por culpa de la historia y de la herencia. La caída, estar limitado, vivir oprimido, carecía de nobleza, y la sangre negra tampoco tenía ningún significado inherente. La sangre negra no era negra; ni siquiera la *piel* negra era negra. Y ahora veía mi necesidad de llenar una vitrina de trofeos, así como mi deseo de vivir según el criterio de Saul Bellow, y sentía que aquellas necesidades no eran escapatorias, sino simples señales del miedo; miedo a que «ellos», los supuestos autores y herederos de aquel universo, tuvieran razón. Y se trataba de un miedo tan profundo que nosotros aceptábamos sus estándares de civilización y de humanidad.

Pero no todos nosotros. Debió de ser en aquella época cuando descubrí un ensayo de Ralph Wiley en el que respondía a la pulla de Bellow. «Tolstói es el Tolstói de los zulús —había escrito Wiley—. A menos que uno obtenga algún beneficio al vallar el patrimonio universal de la humanidad para otorgarle una propiedad tribal exclusiva.» Y ahí estaba. Yo había aceptado la premisa de Bellow. De hecho, Bellow no estaba más cerca de Tolstói que yo de Nzinga. Y si yo estaba más cerca de ella era por decisión propia, y no en virtud de un destino escrito en mi ADN. Mi gran error no era haber aceptado un sueño ajeno, sino haber aceptado el hecho mismo de los sueños, la necesidad de escapar, y aquel invento de la construcción de las razas.

Y a pesar de todo, yo sabía que *éramos* algo, que éramos una tribu; por un lado inventada, pero aun así real. La realidad estaba ahí fuera, en el Yard, en el primer día cálido de la primavera, cuando parecía que hasta el último sector, distrito, afiliación, país y confín de la enorme diáspora negra había mandado un delegado a nuestra gran fiesta mundial. Recuerdo aquellos días como si fueran una canción de OutKast, teñidos de lujuria y placer. Del Blackburn, el centro de estudiantes, recuerdo particularmente a un tipo de cabeza afeitada con gafas de sol, camiseta sin mangas y una larga boa echada en torno a los hombros musculosos. Una mujer concienciada, con vaqueros lavados a la piedra y las rastas recogidas hacia atrás, lo mira de reojo y se ríe. Yo estoy de pie frente a la biblioteca, debatiendo la toma del Congreso por los republicanos o el lugar de Wu-Tang Clan en la lista. Un tipo con camiseta de Tribe Vibe se nos acerca, entrechoca el puño con nosotros y nos ponemos a hablar de las bacanales negras de la temporada —Freaknik, Daytona, Virginia Beach— y a preguntarnos si aquél sería el año en que haríamos el viaje. No lo fue. Porque en el Yard teníamos todo lo que necesitábamos. Allí estábamos deslumbrados porque todavía nos acordábamos de las ciudades calurosas en las que habíamos nacido, donde los primeros días de la primavera estaban impregnados de miedo. Y ahora, allí en La Meca, no teníamos miedo, éramos el espectro negro en pleno desfile.

Aquellos fueron los primeros días de mi vida adulta, de vivir solo, de cocinar para mí mismo, de ir y venir como me placiera, de tener una habitación propia, y de la posibilidad de volver a ella acompañado tal vez de una de aquellas mujeres hermosas que ahora me rodeaban por todas partes. En mi segundo año en Howard, me enamoré perdidamente de una chica encantadora de California que por entonces tenía la costumbre de pulular por el campus con falda larga y turbante. Recuerdo sus enormes ojos castaños, su boca y su voz elegante. Yo la veía en el Yard en aquellos días de primavera, gritaba su nombre y luego levantaba las manos como si estuviera señalando una anotación de fútbol americano, pero con un gesto más amplio, como la W de «*What's up?*» [«¿Qué pasa?»]. Así lo hacíamos entonces. Su padre era de Bangalore: ¿dónde estaba aquello? ¿Y qué leyes imperaban allí? Yo todavía no entendía la importancia de mis propias preguntas. Lo que recuerdo es mi ignorancia. Recuerdo que la veía comer con las manos y me sentía totalmente incivilizado con mi tenedor. Recuerdo que me preguntaba por qué llevaba tantos velos. Recuerdo que se fue a la India por las vacaciones de primavera y regresó con un bindi en la frente y fotos de sus sonrientes primas indias. Yo le dije: «Tía, pero si tú eres negra», porque era lo único que entendía por entonces. Pero su belleza y su quietud rompieron mi equilibrio. En mi pequeño apartamento, me besó y el suelo se abrió, me tragó, me sepultó allí mismo y en aquel momento. ¿Cuántos poemas espantosos escribí pensando en ella? Ahora sé lo que ella supuso para mí: el primer vislumbre de un puente espacial, un agujero de gusano, un portal galáctico para abandonar mi planeta limitado y ciego. Ella había visto otros mundos, y llevaba el espectacular linaje de esos otros mundos en el vehículo que era su cuerpo negro.

Volví a enamorarme, poco después y de manera parecida, de otra chica, alta y con rastas largas y sueltas. La había criado una madre judía en un pueblo casi exclusivamente blanco de Pensilvania y ahora, en la Howard, alternaba entre mujeres y hombres, y lo contaba no sólo con orgullo, sino como si fuera normal, *como si ella fuera normal*. Ya sé que para ti ahora esto no es nada, pero yo venía de un lugar —América— donde la crueldad hacia los humanos que amaban tal como les dictaban sus instintos profundos era una especie de ley. Estaba asombrado. ¿Acaso aquello era algo que hacía la gente negra? Sí. Y hacían muchas más cosas. La chica de las rastas largas vivía en una casa con un hombre, un profesor de la Howard, que estaba casado con una mujer blanca. El profesor de la Howard se acostaba con hombres. Su mujer se acostaba con mujeres. Y los dos se acostaban juntos. Tenían un hijo que ya debía de estar en la universidad. *Maricón* era una palabra que yo había usado toda mi vida. Y ahora los tenía allí: la Camarilla, el Aquelarre, los Otros, los Monstruos, los Forasteros, los Maricones, las Bolleras, vestidos todos con sus atuendos humanos. Yo era negro y había perdido mi cuerpo a manos de un saqueo. Pero tal vez también era capaz de saquear, tal vez podía robarle el cuerpo a otro ser humano para confirmar mi pertenencia a una comunidad. Tal vez ya lo hubiera hecho. El odio otorga identidad. El negro de mierda, el maricón y la zorra iluminan la frontera, iluminan aquello que ciertamente no somos, iluminan el Sueño de ser blanco, de ser un Hombre. Les ponemos nombre a los extranjeros que odiamos y de esa forma confirmamos nuestro lugar en la tribu. Pero mi tribu se estaba haciendo pedazos y volviéndose a formar a mi alrededor. Veía a aquella gente a menudo, porque eran la familia de alguien a quien yo amaba. Sus momentos ordinarios —abrir la puerta, hacer la comida en la cocina, bailar con música de Adina Howard— me asaltaban y expandían mi noción del espectro humano. Me sentaba en la sala de estar de aquella casa y observaba sus chistes privados, y una parte de mí los juzgaba mientras la otra intentaba adaptarse a los cambios.

Aquella chica me enseñó a amar de nuevas formas. En la casa donde yo me había criado, tus abuelos eran temiblemente autoritarios. Siempre he intentado dirigirme a ti de forma distinta, y esa idea empezó cuando vi todas las formas distintas de amar que había en La Meca. Así fue como empezó: una mañana me desperté con un ligero dolor de cabeza. El dolor aumentó con cada hora que pasaba. Estaba andando al trabajo cuando vi a una chica que iba de camino a clase. Yo tenía un aspecto espantoso, así que ella me dio un analgésico y siguió. A primera hora de la tarde apenas me aguantaba de pie. Llamé a mi supervisor. Cuando llegó yo estaba tumbado en el almacén, porque no sabía qué otra cosa hacer. Tenía miedo. No entendía qué estaba pasando. No sabía a quién llamar. Estaba allí tumbado bullendo de dolor, medio adormilado, confiando en recuperarme. Mi supervisor llamó a la puerta. Había venido alguien a verme. Era ella. La chica de las rastas largas me ayudó a salir y a llegar a la calle. Paró un taxi. En mitad del trayecto abrí la portezuela, con el taxi en marcha, y vomité en la calle. Pero me acuerdo de que ella me agarró para asegurarse de que no me cayera del coche y de que me abrazó al terminar. Luego me llevó a aquella casa de humanos, llena de todas las modalidades del amor, me acostó, metió el CD de *Exodus* en el aparato de música y lo puso a volumen mínimo. Me dejó un cubo junto a la cama. Me dejó una jarra de agua. Tenía que irse a clase. Yo dormí. Cuando regresó, ya me encontraba bien. Comimos. La chica de las rastas largas que dormía con quien le venía en gana, porque aquélla era su declaración de control sobre su cuerpo, estaba allí. Yo había crecido en una casa dividida entre el amor y el miedo. Sin sitio para la ternura. Pero la chica de las rastas largas me reveló algo distinto: que el amor podía ser tierno y comprensivo, pero que siempre, fuera tierno o duro, era un acto de heroísmo.

Y yo ya no podía predecir dónde iba a encontrar a mis héroes. A veces me iba con mis amigos hasta la calle U y pasaba el rato en los clubes de allí. Corría la época de Bad Boy y de Biggie, de *One more chance* y de *Hypnotize*. Yo casi nunca bailaba, por mucho que quisiera. Me lo impedía un miedo de infancia a mi propio cuerpo. Pero sí miraba cómo se movía la gente negra, cómo bailaban en aquellos clubes como si sus cuerpos fueran capaces de todo, y sus cuerpos parecían tan libres como la voz de Malcolm. Fuera, la gente negra no controlaba nada, y menos todavía el destino de sus cuerpos, que podían ser requisados por la policía; que podían ser borrados por las armas, tan pródigas ellas; y que podían ser violados y recibir palizas en la cárcel. En cambio, en los clubes, bajo la influencia del ron con Coca-Cola a mitad de precio, bajo el hechizo de las luces atenuadas, cautivos de la música hip-hop, a mí me daba la impresión de que controlaban hasta el último paso, hasta el último gesto de la cabeza y hasta el último giro.

Lo único que yo quería por entonces era escribir igual que aquella gente negra bailaba, con control, poder, placer y calidez. De vez en cuando iba a las clases de la Howard. Tenía la sensación de que había llegado la hora de marcharme, de declararme graduado, si no de la universidad, sí de La Meca. Estaba publicando reseñas de música, artículos y ensayos en el periódico alternativo local, lo cual suponía tener contacto con más seres humanos. Mis editores —más profesores— eran las primeras personas blancas a las que había conocido realmente a un nivel personal. Y ellos desafiaban mis presunciones; no tenían miedo ni de mí ni por mí. En cambio, en mi curiosidad rebelde y en mi vulnerabilidad veían algo a atesorar y a reconducir. Y me dieron el arte del periodismo, una tecnología muy poderosa para los investigadores. Empecé a trabajar de reportero para la sección local de D. C. y allí descubrí que la gente estaba dispuesta a contarme cosas, que la misma afabilidad que antaño me había convertido en blanco de ataques ahora hacía que la gente me confiara sus historias. Era increíble. Yo apenas acababa de salir de la niebla de la infancia, donde las preguntas simplemente morían en mi cabeza. Ahora podía llamar y preguntar a la gente por qué había cerrado una tienda popular, por qué había sido cancelado un espectáculo o por qué había tantas iglesias y tan pocos supermercados. El periodismo me daba otra herramienta para explorar, otra forma de desvelar las leyes que restringían mi cuerpo. Todo estaba empezando a encajar, aunque yo todavía no pudiera ver qué era aquel «todo».

En el Moorland podía explorar las historias y las tradiciones. En el Yard podía ver los efectos de aquellas tradiciones. Y gracias al periodismo, podía preguntar directamente a la gente por ambas: o por cualquier otra cosa que quisiera saber. Una parte muy grande de mi vida se definía por el hecho de no saber. ¿Por qué vivía yo en un mundo donde los adolescentes sacaban pistolas en el aparcamiento del 7-Eleven? ¿Por qué era normal que mi padre, igual que todos los padres que yo conocía, se sacara el cinturón? ¿Y por qué la vida era tan distinta allí, en aquel otro mundo que había al otro lado de los asteroides? ¿Qué tenía aquella gente cuyas imágenes habían sido retransmitidas antaño a mi sala de estar que yo no tuviera?

La chica de las rastas largas que me cambió, y a quien yo tenía tantas ganas de amar, amaba a un chico en el que pienso todos los días y en quien espero pensar a diario durante el resto de mi vida. A veces creo que fue un simple invento, y en cierta manera lo es, porque cuando matan a una persona joven, esa persona queda rodeada de un halo, un halo de todo lo que fue posible y todo lo que fue saqueado. Pero sé que yo sentía amor por aquel muchacho, Prince Jones, lo cual quiere decir que sonreía cada vez que lo veía, porque sentía calidez cuando estaba en su presencia y me quedaba un poco triste cuando llegaba la hora de intercambiar apretones de manos porque uno de los dos tenía que irse. Lo que hay que entender de Prince Jones es que hacía honor plenamente a su nombre de pila. Era apuesto. Era alto y tenía la piel morena; su constitución era flaca y fuerte, como de receptor de fútbol americano. Era hijo de una doctora de renombre. Era cristiano renacido, un estado que no comparto pero sí respeto. Era amable. Irradiaba generosidad y parecía tener facilidad para todo y para con todo el mundo. Esto nunca puede ser del todo cierto, y, sin embargo, hay gente que crea la ilusión de que sí sin esfuerzo alguno, y Prince era uno de ellos. Solamente puedo decir lo que yo veía y lo que sentía. Hay gente a la que no conocemos del todo y, no obstante, vive en un lugar cálido dentro de nosotros, y cuando son saqueados, cuando pierden sus cuerpos y la energía oscura se dispersa, ese lugar se convierte en una herida.

Me enamoré una última vez en La Meca; perdí el equilibrio y toda mi confusión de muchacho bajo el hechizo de una chica de Chicago. Era tu madre. Nos recuerdo allí plantados con un grupo de amigos en la sala de estar de su casa. Yo tenía un canuto en una mano y una cerveza en la otra. Di una calada, se lo pasé a la chica de Chicago y cuando rocé sus dedos largos y elegantes la descarga eléctrica me hizo temblar un poco. Ella se llevó el canuto a los labios pintados de color ciruela, soltó el humo y lo volvió a inhalar. Una semana antes la había besado, y ahora, contemplando aquel despliegue de humo y de llamas (y sintiendo ya sus efectos), me quedé perdido y atolondrado y preguntándome cómo debía de ser abrazarla, ser exhalado por ella, regresar a ella y dejarla colocada.

Ella no había llegado a conocer a su padre, lo cual la equiparaba a la gran mayoría de la gente que yo conocía. Me daba la impresión de que aquellos hombres —aquellos «padres»— eran los mayores cobardes del mundo. Pero también tenía la sensación de que la galaxia estaba jugando con dados cargados y de que eso aseguraba que hubiera un exceso de cobardes en nuestras filas. La chica de Chicago también entendía esto, y entendía algo más: que a todo el mundo no le robaban el cuerpo de la misma manera, que los cuerpos de las mujeres estaban expuestos al saqueo de una serie de formas que yo no podía conocer de veras. Y ella era la típica chica negra a quien le habían dicho de niña que tenía que ser lista porque su atractivo físico no la salvaría, y a quien de joven le habían dicho que era muy guapa para ser una chica de piel oscura. De modo que allí estaba, rodeándola como un halo: el conocimiento de las injusticias cósmicas, el mismo conocimiento que yo había vislumbrado tantos años antes al ver a mi padre coger su cinturón, al ver los reportajes de los barrios residenciales que llegaban a mi sala de estar, al ver a los chicos de cabellos dorados con sus camiones de juguetes y sus cromos de futbolistas americanos, y al percibir vagamente la gran barrera que se levantaba entre el mundo y yo.

Nada de lo que pasó entre nosotros estuvo planeado; ni siquiera tú. Los dos teníamos veinticuatro años cuando tú naciste, que es la edad normal de la paternidad para la mayoría de los americanos, pero entre la clase social en la que pronto nos encontraríamos, fuimos prácticamente padres adolescentes. Con una pizca de miedo, muy a menudo nos preguntaban si teníamos planeado casarnos. El matrimonio se nos presentaba como escudo contra las demás mujeres y hombres o bien contra la monotonía corrosiva de los calcetines sucios y de lavar los platos. Pero tu madre y yo conocíamos a mucha gente que se había casado y luego se habían abandonado el uno al otro por menos. Nuestra verdad era que tú siempre serías nuestro anillo. Te habíamos invocado desde nuestro interior y no te habíamos dejado elegir. Aunque solamente fuera por esta razón, te merecías toda la protección que pudiéramos darte. Todo lo demás estaba subordinado a este hecho. Puede que parezca una carga, pero no lo era. La verdad era que yo te debo todo lo que tengo. Antes de ti ya me hacía preguntas, sí, pero no tenía nada en juego más que mi propio pellejo, lo cual no significaba gran cosa porque era joven y todavía no tenía claras mis vulnerabilidades humanas. Lo que me domesticó y me hizo poner los pies en el suelo fue el simple hecho de que ahora, si yo sucumbía, no sucumbiría solo.

O eso era lo que me decía a mí mismo, al menos. Resultaba reconfortante creer que el destino de mi cuerpo y de los cuerpos de mi familia estaban en mi poder. «Tienes que hacerte un hombre —les decimos a nuestros hijos—. Cualquiera puede hacer un hijo, pero para ser padre hay que ser un hombre.» Era lo que me habían dicho toda mi vida. Era el idioma de la supervivencia, un mito que nos ayudaba a soportar ese sacrificio humano que nos encuentra sin importar lo hombres que seamos. Como si nuestras manos fueran nuestras. Como si el saqueo de la energía oscura no estuviera en el centro de nuestra galaxia. Pero el saqueo estaba allí, si yo quería verlo.

Un verano viajé a Chicago para visitar a tu madre. Bajé por la autopista Dan Ryan en compañía de unos amigos y contemplé por primera vez el State Street Corridor, un tramo de más de seis kilómetros de casas de protección oficial destartaladas. Había viviendas públicas por todo Baltimore, pero nada tan extenso como aquello. Aquellas viviendas me parecieron un desastre moral no solamente por la gente que vivía allí, sino por la región entera, porque la metrópolis entera pasara cada día en coche por allí de camino al trabajo y con su aceptación silenciosa tolerara algo así. Sin embargo, había mucho más en aquellas viviendas de lo que yo, incluso con toda mi curiosidad, estaba dispuesto a ver.

Tu abuela materna nos visitó una vez durante el embarazo. Debió de quedarse horrorizada. Vivíamos en Delaware. Casi no teníamos muebles. Yo me había ido de la Howard sin licenciarme y vivía con los ingresos míseros de un periodista *freelance*. El último día de su visita, llevé a tu abuela en coche al aeropuerto. Tu madre era su hija única, igual que tú eres mi hijo único. Y gracias a que te he visto crecer, sé que para tu abuela no podía haber nada más valioso que su hija. «Cuida de ella», me dijo. Cuando salió del coche, mi mundo había cambiado. Me dio la sensación de haber cruzado un umbral, de haber salido del vestíbulo de mi vida para entrar en la sala de estar. Todo lo que pertenecía al pasado parecía otra vida. Estaban el antes de ti y el después de ti, y en este después tú eras el Dios que yo no había tenido nunca. Me sometí a tus necesidades y supe entonces que tenía que sobrevivir por algo más que el hecho en sí de la supervivencia. Tenía que sobrevivir por ti.

Naciste aquel mes de agosto. Me acordé del gran espectro de La Meca —gente negra de Belize, gente negra con madres judías, gente negra con padres de Bangalore, gente negra de Toronto y de Kingston, gente negra que hablaba ruso, que hablaba español, que tocaba canciones de Mongo Santamaría y que entendía de matemáticas y trabajaba en laboratorios anatómicos desenterrando los misterios de los esclavos. Había más cosas en el mundo de las que yo había deseado nunca, y ahora quería que tú las tuvieras. Quería que supieras que el mundo entero no se podía encontrar en las escuelas únicamente, ni tampoco en las calles únicamente, ni tampoco en la vitrina de los trofeos. Quería que tú reclamaras el mundo entero tal como es. Quería que te resultara obvio de inmediato que «Tolstói es el Tolstói de los zulús». Y aun así, incluso en aquel deseo tan cosmopolita sentía el antiguo poder de los ancestros, porque yo había obtenido mi conocimiento en La Meca fundada por mis ancestros, y era la lucha que habían emprendido éstos lo que me impulsaba hacia ella.

La Lucha está en tu nombre, Samori; te pusimos ese nombre por Samori Touré, que luchó contra los colonizadores franceses por el derecho sobre su propio cuerpo negro. Murió en cautiverio, pero los beneficios de aquella lucha y de otras muchas parecidas son nuestros, por mucho que el objeto de nuestra lucha, como pasa tan a menudo, escape a nuestro entendimiento. Esto lo aprendí viviendo en el seno de un pueblo que nunca habría elegido, porque los privilegios de ser negro nunca son evidentes de inmediato. Somos, como escribió una vez Derrick Bell, las «caras del fondo del pozo». Pero realmente hay sabiduría ahí abajo, y esa sabiduría explica muchas cosas buenas de mi vida. Y mi vida ahí abajo te explica a ti.

También había sabiduría en aquellas calles. Me acuerdo de la antigua norma que decía que si a un chaval lo atacaban en un barrio chungo que no era el suyo, sus amigos tenían que estar con él y recibir todos juntos la paliza. Ahora sé que en el seno de aquel edicto estaba la clave de toda la vida. A ninguno de nosotros le prometían que terminaría la pelea de pie y con los puños elevados al cielo. No podíamos controlar cuántos serían nuestros enemigos, cómo de fuertes serían ni qué armas llevarían. A veces te llevabas una buena tunda. Pero daba igual que os pelearais u os escaparais, lo hacíais juntos, porque ésa era la parte que podíamos controlar. Lo que nunca teníamos que hacer era entregar voluntariamente nuestros cuerpos o los cuerpos de nuestros amigos. Aquélla era la sabiduría: sabíamos que nosotros no habíamos elegido la dirección de la calle, pero aun así podíamos —y debíamos— diseñar nuestra manera de caminar. Y éste es el sentido más profundo de tu nombre: el hecho de que la lucha, en sí misma y por sí misma, tiene sentido.

No se trata de una sabiduría exclusiva de nuestro pueblo, pero sí creo que tiene un significado especial para los que hemos nacido como resultado de violaciones masivas, cuyos antepasados fueron transportados y divididos en activos y mercancías. Te he criado para que respetes a todos los seres humanos individuales, y ese mismo respeto lo has de extender al pasado. La esclavitud no es una masa indistinta de carne. Es una mujer esclavizada de carne y hueso, cuya mente es igual de activa que la tuya, cuyo espectro de sentimientos es igual de enorme que el tuyo; que prefiere la forma en que cae la luz en una parte concreta del bosque, a quien le gusta pescar en la parte de un arroyo cercano donde el agua hace remolinos, que ama a su madre a su manera complicada, que piensa que su hermana habla demasiado fuerte, que tiene una prima favorita, una estación del año favorita, a quien se le da de maravilla hacerse vestidos y que sabe, íntimamente, que es igual de inteligente y capaz que cualquiera. La «esclavitud» es esa misma mujer nacida en un mundo que proclama a los cuatro vientos su amor a la libertad e inscribe ese amor en sus textos esenciales; un mundo en el que esos mismos amantes de la libertad tienen esclava no sólo a esa mujer, sino también a su madre, a su padre y a su hija, y cuando la mujer echa la vista atrás, lo único que ve son generaciones enteras de esclavos. Y, sin embargo, ella es capaz de desear más. Es capaz de imaginar un futuro para sus nietos. Pero cuando muera, el mundo —que es realmente el único mundo que es capaz de conocer— se terminará. Para esta mujer, la esclavitud no es una parábola. Es una condena. Es la noche interminable. Y la duración de esa noche es la mayor parte de nuestra historia. Nunca olvides que hemos estado esclavizados en este país mucho más tiempo del que hemos sido libres. Nunca olvides que durante doscientos cincuenta años la gente negra nacía encadenada: generaciones enteras seguidas de más generaciones que no conocieron nada más que las cadenas.

Tienes que luchar para recordar de verdad este pasado, con todos sus detalles, sus errores y su humanidad. Tienes que resistir el impulso habitual que nos lleva a la crónica reconfortante de la ley divina, a los cuentos de hadas que sugieren una justicia imposible de reprimir. Los esclavos no fueron simples losas en tu camino, y sus vidas tampoco fueron capítulos de tu historia de redención. Fueron gente convertida en combustible para la maquinaria americana. La esclavitud no estaba destinada a ningún fin, y no está bien afirmar que nuestras circunstancias presentes —da igual cuánto hayan mejorado— redimen las vidas de una gente que nunca pidió la gloria póstuma e intocable de morir por sus hijos. Nuestros triunfos nunca pueden compensar esto. Tal vez nuestros triunfos ni siquiera sean lo importante. Tal vez la lucha sea lo único que tenemos, porque el dios de la historia es ateo, y en su mundo no hay nada predestinado. Así que tienes que despertarte todas las mañanas sabiendo que no hay ninguna promesa inquebrantable, especialmente la promesa de despertarte. Esto no es desesperación. Son las preferencias del universo mismo: los verbos por encima de los nombres, las acciones por encima de los estados, la lucha por encima de la esperanza.

El que nazca un mundo mejor, en última instancia, no depende de ti, aunque yo sé que todos los días hay hombres y mujeres adultos que te dicen que sí. El mundo necesita salvación precisamente por culpa de las acciones de esos hombres y mujeres. No soy un cínico. Te quiero y quiero al mundo y lo quiero más con cada nueva pulgada de él que descubro. Pero eres un chico negro, y tienes que ser responsable de tu cuerpo de una forma que otros chicos no pueden entender. Ciertamente tienes que ser responsable de las peores acciones de otros cuerpos negros, que de algún modo siempre recaerán en ti. Y tienes que ser responsable de los cuerpos de los poderosos: el policía que te abre la cabeza con una porra no tardará en usar como excusa tus movimientos furtivos. Y esto no te afecta únicamente a ti: las mujeres que te rodean tienen que ser responsables de sus cuerpos de una forma que tú no entenderás nunca. Tienes que firmar la paz con el caos, pero no puedes mentir. No puedes olvidar cuánto nos robaron y cómo transformaron nuestros cuerpos mismos en azúcar, tabaco, algodón y oro.

II

Nuestro mundo está lleno de sonido
Nuestro mundo es más encantador que el de nadie
aunque suframos y nos matemos entre nosotros
y a veces no podamos caminar por el aire

Somos gente hermosa
con imaginaciones africanas
llenas de máscaras y danzas y cantos elevándose

con ojos, narices y brazos africanos
aunque nos despleguemos con cadenas grises en un lugar
lleno de inviernos, cuando lo que queremos es sol.

AMIRI BARAKA

Un día, poco antes de que nacieras, me paró la policía del condado de PG, la misma policía acerca de la cual me habían prevenido todos los poetas de D. C. Se acercaron por ambos lados de mi coche y proyectaron los haces de sus linternas a través de las ventanillas. Cogieron mis documentos y volvieron al coche patrulla. Yo me quedé allí sentado, aterrorizado. Para entonces ya había añadido a las advertencias de mis profesores lo que yo había descubierto del condado de PG a base de hacer de periodista y leer la prensa. De forma que sabía que la policía del condado de PG había matado a Elmer Clay Newman y luego había declarado que se había estampado él solo la cabeza contra la pared de una celda en la cárcel. Y sabía que sus agentes habían matado a tiros a Gary Hopkins y luego habían dicho que éste había intentado quitarle la pistola a uno de ellos. Y sabía que habían golpeado a Freddie McCollum hasta dejarlo medio ciego y luego habían culpado de todo a un suelo que se había hundido. Y tenía informes que contaban que aquellos mismos agentes habían estrangulado a mecánicos, se habían liado a tiros con obreros de la construcción y habían estampado a sospechosos contra las puertas de cristal de centros comerciales. Y sabía que hacían aquello con tremenda regularidad, como si actuaran siguiendo un reloj cósmico invisible. Sabía que disparaban a coches en marcha, que disparaban a gente desarmada y que disparaban a gente por la espalda, y luego contaban que eran ellos quienes habían sido tiroteados. A los autores se los investigaba, se los exculpaba y enseguida regresaban a las calles, donde, envalentonados, volvían a liarse a tiros. En aquel punto de la historia de América, ningún departamento de policía disparaba tanto como el del condado de Prince George. El FBI había abierto múltiples investigaciones, a veces varias en una misma semana. Al comisario lo habían recompensado con un ascenso. Yo rememoré todo esto allí sentado en mi coche, en sus garras. Habría sido mejor que me pegaran un tiro en Baltimore, donde reinaba la justicia de las calles y alguien le habría podido pedir responsabilidades a mi asesino. En cambio, aquellos policías tenían mi cuerpo, podían hacer lo que se les antojara con él, y si yo sobrevivía para explicar lo que habían hecho con mi cuerpo, aquella queja no tendría valor alguno. Al cabo de un momento el agente regresó. Me devolvió mi permiso de conducir. No me dio explicación alguna de por qué me habían parado.

Aquel mismo mes de septiembre cogí el *The Washington Post* y vi que la policía del condado de PG había vuelto a matar. No pude evitar pensar que la víctima podría haber sido yo, y ahora que estabas en mis brazos —por entonces tenías un mes— supe que aquella pérdida no habría sido solamente mía. Me salté aquel titular; por entonces las atrocidades de aquel departamento de policía ya me parecían de lo más habitual. La historia se alargó otro día y, leyendo con más atención, descubrí que la víctima era un alumno de la Howard. Se me ocurrió que tal vez lo conociera. Pero no hice más caso. Luego, el tercer día, apareció un retrato junto al artículo, le eché un vistazo rápido y luego lo miré con más atención, y lo vi allí. Iba trajeado, como si estuviera en el baile de graduación del último año de la facultad, congelado en el ámbar de su juventud. Tenía la cara delgada, morena y hermosa, y de lado a lado de aquella cara vi la sonrisa abierta y natural de Prince Carmen Jones.

No recuerdo qué pasó a continuación. Creo que retrocedí dando tumbos. Creo que le conté a tu madre lo que acababa de leer. Creo que llamé a la chica de las rastas largas y le pregunté si aquello podía ser cierto. Creo que ella gritó. Lo que recuerdo sin dudas es lo que sentí: rabia y la antigua fuerza gravitatoria de West Baltimore, aquella gravedad que me había condenado a las escuelas, las calles y el vacío. Prince Jones había conseguido salir de allí y aun así nos lo habían robado. Y aunque yo ya sabía que jamás me creería ninguna justificación a que se lo hubieran llevado, me senté a leer la noticia. Había muy pocos detalles. Lo había matado a tiros un agente del condado de PG, pero no en el condado de PG, ni siquiera en D. C., sino en algún lugar del norte de Virginia. Prince había ido hasta allí en coche para ver a su prometida. Y lo habían matado a pocos metros de la casa de ella. El único testigo de la muerte de Prince Jones era el hombre que lo había matado. El agente afirmaba que Prince había intentado atropellarlo con su *jeep*, y yo supe que los fiscales se lo creerían.

Días más tarde, tu madre y yo te metimos en el coche, te llevamos a Washington, te dejamos con tu tía Kamilah y nos fuimos al funeral de Prince en la Rankin Chapel del campus de la Howard, donde antaño me había sentado y maravillado ante el desfile de activistas e intelectuales —Joseph Lowery, Cornel West, Calvin Butts— que predicaban en aquel púlpito. Debí de ver a muchos viejos amigos allí, pero no me acuerdo de a quiénes exactamente. Lo que sí recuerdo es a toda la gente que hablaba del fervor religioso de Prince y de la fe que había tenido siempre en que Jesús estaba con él. Recuerdo que vi al rector de la universidad ponerse de pie y llorar. Recuerdo a la doctora Mable Jones, la madre de Prince, diciendo que la muerte de su hijo la llamaba ahora a abandonar su cómoda vida en los barrios residenciales para sumarse al activismo. Oí a varias personas pedir perdón para el agente que había matado a tiros a Prince Jones. Solamente tengo un recuerdo vago de mis impresiones de todo aquello. Pero sé que siempre me he sentido muy alejado de los rituales de duelo de mi gente, y que en aquel momento debí de sentir esa lejanía con intensidad. La necesidad de perdonar al agente no debió de conmoverme, porque ya entonces, de forma incipiente, yo sabía que a Prince no lo había matado un solo agente, sino que lo habían asesinado su país y todos los miedos que lo marcaban desde su nacimiento.

Últimamente se ha puesto de moda la expresión «reforma policial», y los actos de nuestros guardianes públicamente nombrados han llamado la atención del presidente y de la gente de a pie. Puede que hayas oído hablar de diversidad, de adiestramiento basado en la concienciación y de cámaras corporales. Todas estas medidas están bien y son aplicables, pero restan importancia a la tarea que hay pendiente y además permiten a los ciudadanos de este país fingir que hay una distancia verdadera entre sus actitudes y las de quienes han sido nombrados para protegerlos. La verdad es que la situación política refleja plenamente la voluntad y el miedo de América, y que independientemente de lo que nos parezca la política de este país en materia de justicia criminal, no se puede decir que la haya impuesto una minoría represora. Los abusos resultado de estas políticas —el gigantesco estado policial, la detención arbitraria de gente negra y la tortura a los sospechosos— son producto de la voluntad democrática. De forma que cuestionar a la policía es cuestionar al pueblo americano que la ha mandado a los guetos armada con esos mismos miedos generados a sí mismos que han llevado a la gente que se cree blanca a huir de las ciudades y refugiarse en su Sueño. El problema de la policía no es que sean cerdos fascistas, sino que nuestro país está gobernado por cerdos antiminorías.

Yo ya sabía algo de esto por entonces, allí sentado en la Rankin Chapel, por mucho que no fuera capaz de expresarlo. De modo que perdonar al asesino de Prince Jones debió de parecerme irrelevante. El asesino era la expresión directa de las creencias de su país entero. Y como me habían criado en la conciencia política y en el rechazo al Dios cristiano, no veía ningún fin elevado en la muerte de Prince. Creía, y sigo creyendo, que nuestros cuerpos somos nosotros, que mi alma es el voltaje que circula por mis neuronas y nervios, y que mi espíritu es mi carne. Prince Jones era un ser único, y ellos habían destruido su cuerpo, habían calcinado sus hombros y brazos, le habían desgarrado la espalda y le habían destrozado el pulmón, el riñón y el hígado. Me senté allí sintiéndome un hereje, creyendo únicamente en este cuerpo y en esta vida, que sólo tenemos una oportunidad para vivir. No creía en el perdón para el crimen de destruir el cuerpo de Prince Jones. Cuando los asistentes al funeral bajaron la cabeza para rezar, me sentí apartado de ellos porque no creía que el vacío les fuera a contestar.

Pasaron las semanas. Empezó el goteo de detalles nauseabundos. El agente era un conocido mentiroso. Un año antes había detenido a un hombre usando pruebas falsas. Los fiscales se habían visto obligados a abandonar todos los casos en los que había estado involucrado. El agente había sido degradado, se le había devuelto su rango y se lo había vuelto a poner en la calle para seguir con su trabajo. Ahora, a través de una serie de nuevas crónicas, empezó a cobrar forma una narración. El agente de policía iba de paisano y se hacía pasar por traficante de drogas. Lo habían mandado a seguir la pista de un hombre que medía metro sesenta y tres y pesaba 113 kilos. Nos enteramos, gracias al informe del forense, de que el cuerpo de Prince medía metro noventa y pesaba 95 kilos. Nos enteramos de que al otro hombre lo habían detenido más tarde y de que se habían retirado los cargos contra él. Pero nada de esto importaba. Nos enteramos de que los superiores del policía le habían mandado seguir a Prince desde Maryland, cruzando Washington D. C. y hasta Virginia, donde había disparado a Prince varias veces. Nos enteramos de que el agente se había enfrentado a Prince con la pistola desenfundada y sin insignia. Nos enteramos de que el agente afirmaba haber abierto fuego porque Prince había intentado atropellarlo con su *jeep*. Nos enteramos de que las autoridades a quienes se había encomendado investigar el tiroteo apenas habían hecho nada para investigar al agente y, en cambio, habían dedicado todo su esfuerzo a investigar a Prince Jones. La investigación no obtuvo información alguna que explicara por qué Prince Jones había cambiado de repente su ambición de ir a la universidad por la de matar policías. A aquel agente le habían otorgado un poder máximo y, en cambio, tuvo una responsabilidad mínima. No lo acusaron de nada. No lo castigó nadie. Lo devolvieron al trabajo.

Había veces en las que me imaginaba que un hombre disfrazado de criminal me seguía a través de varias jurisdicciones, como le había pasado a Prince. Y me quedaba horrorizado, porque yo sabía qué habría hecho si se enfrentaba a mí un hombre así, con la pistola desenfundada, a un par de metros de la casa de mi familia. *Cuida de mi hija*, me había dicho tu abuela; en otras palabras: *Cuida de tu nueva familia*. Ahora, sin embargo, yo conocía los límites de mi capacidad para cuidar, así como el alcance de sus poderes, inscritos por un enemigo tan viejo como Virginia. Me acordé de toda la hermosa gente negra que había conocido en La Meca, con toda su diversidad, todos sus peinados, todos sus idiomas, todas sus historias y geografías, con toda su espectacular humanidad, y pensé que nada de todo aquello podía salvarlos de la marca del saqueo y de la fuerza gravitatoria de nuestro mundo particular. Y se me ocurrió entonces que tú tampoco te escaparías, que había hombres espantosos que habían hecho planes para ti y que yo no podría detenerlos. Prince Jones era el superlativo de todos mis miedos. Y si él, un buen cristiano, heredero de una clase de gente esforzada, santo patrón de los negros que eran «el doble de buenos que los blancos» podía ser refrenado para siempre, ¿quién podía librarse? Y no solamente habían saqueado a Prince. Piensa en todo el amor volcado en él. Piensa en las clases de método Montessori y de música que le habían pagado. Piensa en la gasolina y en los neumáticos invertidos en llevarlo a los partidos de fútbol americano, a los torneos de baloncesto y a la liga juvenil de béisbol. Piensa en el tiempo dedicado a supervisar fiestas de pijamas. Piensa en las fiestas de cumpleaños sorpresa, en las guarderías y en la comprobación de referencias de las canguros. Piensa en las enciclopedias *World Book* y *Childcraft*. Piensa en los cheques firmados para pagar las fotos de familia. Piensa en las tarjetas de crédito para pagar las vacaciones. Piensa en las pelotas de fútbol, los kits de ciencia, los juegos de química, las pistas de coches de carreras de juguete y las maquetas de trenes. Piensa en todos los abrazos, los chistes privados, las costumbres, los saludos, los apodos y los sueños, en todo el conocimiento y capacidad compartidos que una familia negra había inyectado en aquel vehículo de carne y hueso. Y piensa en que aquel vehículo fue destruido, hecho pedazos sobre el cemento; y en que todos sus contenidos sagrados, todo lo que había ido a parar a él, fueron derramados y devueltos a la tierra. Piensa en tu madre, que no tuvo padre. Y piensa en tu abuela, a quien su padre abandonó. Y en tu abuelo, a quien su padre dejó atrás. Y piensa en que la hija de Prince también acababa de ser reclutada por aquel solemne ejército y despojada de su derecho de nacimiento: aquel vehículo que era su padre, rebosante de veinticinco años de amor, que había sido la inversión de sus abuelos e iba a ser el legado de ella.

De noche, te cogía en brazos y me invadía un miedo enorme, tan extenso como todas nuestras generaciones en América. Por fin entendía personalmente a mi padre y su antiguo mantra: «La paliza se la puedo dar yo o la policía». Por fin lo entendía todo: los cables eléctricos, los cables de extensión, la vara ritual. Las personas negras amamos a nuestros hijos de forma un poco obsesiva. Sois todo lo que tenemos y ya nos llegáis en peligro. Creo que preferiríamos mataros nosotros mismos antes de ver cómo os matan esas calles que América ha creado. Se trata de una filosofía de gente sin cuerpo, de una gente que no controla nada y que no puede proteger nada, forzada a tener miedo no solamente a los criminales que hay entre ellos, sino también a la policía que los gobierna con toda la autoridad moral de una red de chantaje de la mafia. Hasta que llegaste tú yo no entendía este amor, no entendía la fuerza con que mi madre me cogía la mano. Ella sabía que la galaxia misma podía matarme, que todo mi ser podía ser hecho trizas y todo el legado de ella podía acabar derramado en la acera igual que el vino que beben los mendigos. Y a nadie le pedirían responsabilidades por aquella destrucción, porque mi muerte no sería culpa de ningún ser humano, sino de algo desafortunado pero inmutable relacionado con la «raza», algo impuesto a un país inocente por el juicio inescrutable de unos dioses invisibles. No se podía citar a juicio a un terremoto. No se podía presionar a un tifón presentando cargos contra él. Al asesino de Prince Jones lo mandaron de vuelta al trabajo, porque no era ningún asesino. Era una fuerza de la naturaleza, el agente impotente de las leyes físicas de nuestro mundo.

Aquel episodio me llevó del miedo a una rabia que empezó a arder en mi interior, que me mueve hoy en día y que seguramente me tendrá en llamas durante el resto de mi vida. Todavía me quedaba el periodismo. Así que mi reacción en aquel momento fue escribir. Tenía suerte de que me quedara aquello. La mayoría de nosotros estábamos obligados a tragarnos nuestras injusticias y luego sonreír. Me dediqué a escribir sobre la historia de la policía del condado de Prince George. Nada me había parecido nunca tan esencial como aquella tarea. Esto es lo que sabía de entrada: el agente que había matado a Prince Jones era negro. Los políticos que habían otorgado a aquel agente poderes para matar eran negros. Muchos de ellos, supuestos pilares de la comunidad, parecían indiferentes al caso. ¿Cómo era posible? Me dio la sensación de estar de vuelta en el Moorland, enfrentado a grandes misterios. A esas alturas, sin embargo, ya no necesitaba rellenar impresos de solicitud de libros en la biblioteca; internet había brotado y se había convertido en instrumento de investigación. Esto te debe de parecer curioso. Durante toda tu vida, cada vez que has tenido una pregunta has podido teclearla, verla aparecer en un espacio rectangular bordeado por un logotipo corporativo y en cuestión de segundos disfrutar de la avalancha de respuestas posibles. Pero yo todavía me acuerdo de cuando las máquinas de escribir eran útiles, de la llegada del Commodore 64 y de la época en que una canción que te encantaba tenía su momento en la radio y luego desaparecía en la nada.

Debí de pasarme cinco años sin oír a las Mary Jane Girls cantar *All Night Long*. Para un joven como yo, la invención de internet fue la invención de los viajes espaciales.

Mi curiosidad, en el caso de Prince Jones, abrió un mundo entero de recortes de prensa y relatos históricos y sociológicos. Llamé a varios políticos para hacerles preguntas. Me contestaron que la ciudadanía tenía más tendencia a pedir apoyo policial que a quejarse de la brutalidad. Me dijeron que los ciudadanos negros del condado de PG se sentían cómodos y que estaban experimentando «cierta impaciencia» con el crimen. Yo había visto aquellas teorías antes, cuando estaba investigando en el Moorland, ojeando las distintas luchas que había dentro y fuera de la comunidad negra. De acuerdo con aquella teoría, la «seguridad» era un valor más elevado que la justicia, quizá el más elevado de todos. Lo entendía. ¡Qué no habría dado yo, negro en Baltimore, porque una comitiva de policías, agentes de mi país y de mi comunidad, hubiera patrullado la ruta que yo seguía para ir a la escuela! Sin embargo, aquellos agentes no habían estado, y cada vez que yo veía a la policía quería decir que había pasado algo malo. Siempre había sabido que había gente, la que vivía dentro del Sueño, para la cual el debate era distinto. Su «seguridad» estaba en las escuelas, los portafolios y los rascacielos. La nuestra estaba en unos hombres armados que solamente podían vernos con el mismo desprecio que la sociedad que los mandaba.

Y la falta de seguridad siempre acaba restringiendo tu visión de la galaxia. A mí, por ejemplo, jamás se me había ocurrido que pudiera o incluso quisiera vivir en Nueva York. Yo amaba Baltimore. Amaba el Charlie Rudo's y los tenderetes callejeros de Mondawmin. Me encantaba sentarme en el porche con tu tío Damani y esperar a que Frank Ski pinchara *Fresh Is the Word* por la radio. Siempre había pensado que estaba destinado a volver a mi ciudad al acabar la universidad, pero no simplemente porque amara Baltimore, sino porque era incapaz de imaginarme gran cosa más en mi futuro. Y aquella imaginación atrofiada era algo que les debía a mis cadenas. Y, sin embargo, algunos de nosotros sí que veíamos más allá.

Conocí a muchos de ellos en La Meca, como por ejemplo a tu tío Ben, que se había criado en Nueva York, y eso lo había obligado a verse a sí mismo como afroamericano entre haitianos, jamaicanos, judíos hasídicos e italianos. Y había otros como él, otros que, a hombros de algún profesor, tía o hermano mayor, se habían asomado de niños por encima de la tapia, y de adultos habían decidido ver el paisaje completo. Aquella gente negra tenía la sensación, igual que yo, de que otra gente les podía arrebatar sus cuerpos cuando le viniera en gana, pero eso les insuflaba un miedo distinto que los impulsaba al cosmos. Se pasaban semestres enteros en el extranjero. Jamás supe qué hacían ni por qué. Aunque tal vez siempre intuí que me estaba dejando ganar con demasiada facilidad. Tal vez eso explica todas las chicas a las que siempre he amado, porque todas las chicas a las que he amado eran puentes a otra parte. Tu madre, que sabía mucho más del mundo que yo, se enamoró de Nueva York a través de la cultura de esa ciudad, a través de *Cruzando la calle*, *Desayuno con diamantes*, *Armas de mujer*, Nas y los Wu-Tang. Tu madre encontró trabajo allí y yo la seguí, casi de polizón, porque por entonces no había nadie en Nueva York que quisiera pagarme por escribir de casi nada. Lo poco que me sacaba, reseñando algún disco o libro, me cubría aproximadamente dos facturas de electricidad al año.

Llegamos dos meses antes del 11 de septiembre de 2001. Supongo que todo el mundo que estuvo en Nueva York aquel día tiene una historia que contar. Ésta es la mía: aquella tarde subí a la azotea de un edificio de apartamentos con tu madre, tu tía Chana y el novio de ésta, Jamal. Así que allí estábamos, en la azotea, hablando y contemplando el espectáculo: las grandes nubes de humo que cubrían la isla de Manhattan. Pero mi corazón no se conmovió al contemplar las ruinas de América. Yo tenía mis propios desastres. El agente que había matado a Prince Jones, igual que todos los agentes que nos observaban con recelo, era la espada de la ciudadanía americana. Yo nunca consideraría puro a ningún ciudadano americano. Yo no estaba sintonizado con la ciudad. No paraba de pensar en el hecho de que para nosotros el sur de Manhattan siempre había sido la Zona Cero. Allí subastaban nuestros cuerpos, en aquel mismo distrito financiero devastado y que hacía honor a su nombre. De hecho, allí quedaban los restos de un cementerio para los subastados. Habían construido unos grandes almacenes sobre una buena parte de él y luego habían intentado construir un edificio gubernamental sobre otra parte. Solamente los había detenido una comunidad de gente negra concienciada. Yo no había formulado ninguna teoría coherente con aquello. Pero sí que sabía que Bin Laden no había sido el primer hombre en llevar el terror a aquella parte de la ciudad. Jamás me he olvidado de esto. Y tampoco deberías olvidarte tú. En los días posteriores, contemplé el ridículo concurso de banderitas, la fanfarronería de los bomberos, los eslóganes pasados de rosca. Al infierno con todo. Prince Jones estaba muerto. Al infierno quienes nos decían que fuéramos el doble de buenos que los blancos para que al final nos dispararan de todas formas. Al infierno el miedo ancestral que aterrorizaba a los padres y madres negros. Y al infierno quienes hacen trizas el vehículo sagrado.

Yo no veía diferencia alguna entre el policía que había matado a Prince Jones y los policías o los bomberos que habían muerto ahora. Para mí no eran humanos. Negros, blancos o lo que fueran, eran las amenazas de la naturaleza; eran el fuego, el cometa y la tormenta, que podían destrozar mi cuerpo sin justificación alguna.

Vi a Prince Jones una última vez, vivo y entero. Plantado delante de mí. Estábamos en un museo. En aquel momento tuve la sensación de que su muerte había sido una pesadilla espantosa. No, una premonición. Y, sin embargo, se me estaba concediendo una última oportunidad. Decidí avisarlo. Me acerqué a él, entrechocamos los puños y sentí aquel calor del espectro, la calidez de La Meca. Quise decirle algo. Quise decirle: cuidado con los saqueadores. Pero cuando abrí la boca, él negó con la cabeza y se alejó.

Vivíamos en un apartamento en un sótano de Brooklyn, que dudo que tú recuerdes, a pocas manzanas del tío Ben y su mujer, tu tía Janai. No fue una gran época. Recuerdo que le pedí prestados doscientos dólares a Ben y me parecieron un millón. Recuerdo que tu abuelo vino a Nueva York, me llevó a un restaurante etíope y después lo acompañé a la estación de metro de la calle Cuatro Oeste. Nos despedimos y eché a andar. Él me llamó. Se había olvidado de algo. Me dio un cheque por ciento veinte dólares. Te cuento esto porque has de entender, independientemente del tema del que hablemos, que yo no siempre tuve cosas, pero sí tuve a gente: *siempre tuve a gente*. Tuve unos padres que no desmerecían de ningunos otros. Tuve a un hermano que se estuvo ocupando de mí durante toda mi educación universitaria. Tuve La Meca para orientarme. Tuve amigos que se habrían tirado bajo las ruedas de un autobús por mí. Tienes que saber que siempre fui amado, que a pesar de mi falta de sentimiento religioso siempre he amado a mi gente y que ese amor tan expansivo está relacionado directamente con el amor concreto que siento por ti. Recuerdo estar sentado en la entrada de la casa de Ben los viernes por la noche, bebiendo Jack Daniel's, debatiendo la campaña del alcalde o la carrera hacia la guerra. Mis semanas parecían carecer de propósito. Intentaba, sin éxito, vender artículos a varias revistas. Tu tía Chana me prestó otros doscientos dólares; me los fundí en una escuela para camareros que resultó ser una estafa. Repartí comida a domicilio para una tiendecita de Park Slope. En Nueva York todo el mundo te preguntaba a qué te dedicabas. Yo le decía a la gente que estaba «intentando ser escritor».

Había días en que cogía el tren a Manhattan. Había mucho dinero por todas partes, dinero saliendo a raudales de los restaurantes y los cafés, dinero que impulsaba a la gente a unas velocidades increíbles, por las amplias avenidas, dinero dirigiendo un tráfico intergaláctico a través de Times Square, dinero en las casas de piedra y de ladrillo rojo, dinero circulando por West Broadway, donde la gente blanca salía en manada de las vinotecas con las copas llenas en la mano y sin policía a la vista. Yo veía a aquella gente en el club, borrachos, riendo y desafiando a batallas a los bailarines de breakdance. De aquellas batallas salían destrozados y humillados. Pero después chocaban los puños, se reían y pedían más cerveza. Carecían de miedo por completo. No lo entendí hasta que contemplé las calles. Allí pude ver a padres y madres blancos empujando cochecitos de niño extraanchos por los bulevares aburguesados de Harlem, vestidos con camisetas y pantalones de *footing*. O bien los veía enfrascados en conversaciones entre ellos, a aquellos padres y madres, mientras sus hijos ocupaban toda la acera con sus triciclos. La galaxia les pertenecía, e igual que a nuestros hijos se les comunicaba el terror, a los suyos se les comunicaba el dominio.

Y así pues, cuando te llevaba a ti en tu cochecito a otras partes de la ciudad, al West Village, por ejemplo, creyendo de forma casi instintiva que debías ver más cosas, recuerdo que me sentía incómodo, como si estuviera cogiendo prestado un patrimonio de otros, como si estuviera viajando con nombre falso. Todo aquel tiempo tú ibas creciendo y aprendiendo palabras y sentimientos; mi hermoso hijo moreno, que pronto adquiriría el conocimiento, pronto asimilaría los edictos de aquella galaxia y todos los acontecimientos cataclísmicos que te contemplarían a ti con un interés singular y discriminador.

Un día serías un hombre, y yo no te podría salvar de la distancia insalvable que te separaba de tus futuros coetáneos y colegas, que tal vez intentarían convencerte de que todo lo que yo sé, y todas las cosas que estoy compartiendo aquí contigo, es una ilusión, o bien algo procedente de un pasado lejano y de lo que no hace falta hablar. Y tampoco podría salvarte de la policía, de sus linternas, de sus manos, de sus porras y sus pistolas. Prince Jones, asesinado por los hombres que debían velar por su seguridad, siempre está conmigo, y sabía que pronto estaría también contigo.

En aquella época yo salía de casa, cogía Flatbush Avenue y la cara se me ponía tensa como la máscara de un luchador mexicano, la mirada me iba de una esquina a otra; los brazos sueltos, flexibles, listos para cualquier cosa. Aquella necesidad de estar siempre en guardia era un gasto inconmensurable de energía, una lenta extracción de mi esencia. Y contribuía al rápido colapso de nuestros cuerpos. Así que tenía miedo no solamente de la violencia de este mundo, sino también de las reglas diseñadas para protegerte de ella, de las reglas que te decían que contorsionaras el cuerpo para encarar tu calle, y que lo contorsionaras otra vez para que tus colegas te tomaran en serio, y que lo contorsionaras una vez más para no dar motivos a la policía. Llevo toda la vida oyendo a gente decir a sus hijos e hijas negros que han de ser «el doble de buenos» que los blancos, lo cual quiere decir «conformarse con la mitad». Aquellas palabras se pronunciaban con aire de nobleza religiosa, como si fueran la prueba de alguna cualidad implícita, de un valor no detectado, cuando en realidad solamente eran prueba de la pistola que teníamos en la cabeza y de la mano que se nos metía en el bolsillo. Así es como perdemos la ternura. Así es como nos roban el derecho a sonreír. Nadie les decía a aquellos niñitos blancos con sus triciclos que fueran el doble de buenos que nadie. De hecho, yo me imaginaba a sus padres diciéndoles que cogieran el doble de todo. Me parecía que nuestras propias reglas redoblaban el saqueo. Me parecía que quizá el rasgo definitorio de que te reclutaran para la raza negra era el robo ineludible de tu tiempo, porque los momentos que dedicábamos a preparar nuestra máscara, o bien a prepararnos para conformarnos con la mitad, ya no se podían recuperar. El robo del tiempo no se mide en vidas enteras, sino en momentos. Es esa última botella de vino que te da tiempo a descorchar pero no a beberte. Es el beso que no tienes tiempo de compartir antes de que una mujer se marche de tu vida. Es la abundancia de segundas oportunidades para ellos y la jornada de veintitrés horas para nosotros.

Una tarde tu madre y yo te llevamos de visita a un parvulario. Nuestra anfitriona nos condujo a un gimnasio de gran tamaño lleno de un efervescente caldo étnico de niños neoyorquinos. Los niños corrían, saltaban y se tiraban al suelo. Tú les echaste un vistazo, te separaste de nosotros y te fuiste directo a la melé. Nunca tuviste miedo de la gente ni del rechazo, y yo siempre te he admirado por eso y, por eso mismo, siempre he tenido miedo por ti. Te vi saltar y reír con todos aquellos niños a los que no conocías y la muralla se elevó en mi interior y sentí que tenía que agarrarte del brazo, tirar hacia mí y decirte: «¡No conocemos a esta gente! ¡Contrólate!». Pero no lo hice. Estaba creciendo, y aunque no podía ponerle nombre con exactitud a mi angustia, sabía que no tenía nada de noble. Ahora entiendo la gravedad de lo que yo estaba sugiriendo: obligar a un niño de cuatro años a ser cauteloso, prudente y desconfiado, restringir tu felicidad, someterte a la pérdida de tiempo. Y ahora, cuando comparo aquel miedo con el atrevimiento que los amos de la galaxia les enseñaban a sus hijos, siento vergüenza.

Nueva York era un espectro distinto en sí, y la enorme diversidad que había visto en la Howard, únicamente entre gente negra, ahora se extendía por toda una metrópolis. En cada esquina esperaba algo distinto. Había percusionistas africanos congregados en Union Square. Había torres de oficinas muertas que de noche cobraban vida gracias a restaurantes soterrados en su interior que servían barriletes de cerveza y pollo frito coreano. Había chicas negras con chicos blancos, chicos negros con chicas chinoamericanas, chicas chinoamericanas con chicos dominicanos, chicos dominicanos con chicos jamaicanos, y todas las demás combinaciones imaginables. Yo cruzaba a pie el West Village maravillándome ante sus restaurantes del tamaño de salas de estar, y veía que la pequeñez misma de aquellos restaurantes confería a sus clientes una especie de sofisticación erudita, como si se estuvieran riendo de un chiste que al resto del mundo le costaría una década entender. El verano era irreal: había partes enteras de la ciudad que se convertían en desfiles de moda, y las avenidas eran verdaderas pasarelas para la gente joven. El calor no se parecía a nada que yo hubiera sentido, era un calor que emanaba de los edificios enormes y al que se añadían los millones de personas encajonadas en los vagones del metro, en los bares y en aquellos mismos restaurantes y cafés. Nunca había visto tanta vida. Y nunca me había imaginado que toda aquella vida pudiera mostrar una diversidad tan grande. Aquello era la Meca particular de todo el mundo, embutida en una sola ciudad.

Pero cuando me bajaba del metro y volvía a mi barrio, a mi Flatbush Avenue o a mi Harlem, el miedo seguía allí. Los mismos chavales, con los mismos andares, las mismas miradas de hielo y el mismo código que conocía de toda la vida. Si Nueva York tenía algo distinto era que allí había más primos de piel clara, los puertorriqueños y los dominicanos. Pero sus rituales eran muy parecidos, su manera de caminar y de chocar los puños, todo me resultaba familiar. De forma que me encontraba a mí mismo, en un día cualquiera, cruzando varias ciudades de Nueva York a la vez: dinámicas, brutales, adineradas, y a veces todas estas cosas al mismo tiempo.

Quizá te acuerdes del día en que fuimos a ver *El castillo ambulante* al Upper West Side. Tenías casi cinco años. El cine estaba abarrotado y a la salida volvimos a la planta principal por unas escaleras mecánicas. Cuando nos bajamos de las escaleras, tú te movías a ese paso de tortuga típico de los niños pequeños. Una mujer blanca te empujó y dijo: «¡Ya, venga!». En ese momento pasaron muchas cosas a la vez. Experimenté en primer lugar la reacción de todo padre o madre cuando un desconocido le pone la mano encima a su hijo. Pero se manifestó también mi propio miedo a no ser capaz de proteger tu cuerpo negro. Y lo que es más: sentí que aquella mujer estaba haciendo valer su rango. Yo sabía, por ejemplo, que la mujer no habría apartado de un empujón a un niño negro en mi zona de Flatbush, porque allí habría tenido miedo, y porque allí sentiría, o incluso sabría, que aquella acción sería penalizada. Pero yo no estaba en mi zona de Flatbush. Y tampoco estaba en Baltimore. Y estaba lejos de La Meca. Y me olvidé de todo aquello. Solamente sabía que alguien había invocado su derecho sobre el cuerpo de mi hijo. Me volví y hablé a aquella mujer, y en mis palabras bulló todo el calor del momento y de mi historia personal. Ella se apartó, horrorizada. Un hombre blanco que estaba cerca salió en su defensa. Yo experimenté aquello como un intento de rescatar a la damisela de la bestia. El tipo en cuestión no había hecho intento alguno de defender a mi hijo. Y ahora empezó a apoyarlo otra gente blanca que se iba congregando. El hombre se acercó más. Empezó a levantar la voz. Yo lo aparté de un empujón. Él me dijo: «¡Puedo hacer que te detengan!». A mí no me importó. Se lo dije, y el deseo de ir mucho más allá me quemó la garganta. Únicamente pude controlar aquel deseo porque me acordé de que había alguien esperando a un lado, siendo testigo de más furia de la que había visto nunca en mí: tú.

Llegué a casa agitado. Sentía una mezcla de furia y de vergüenza por haber regresado a la ley de las calles. «¡Puedo hacer que te detengan!» En otras palabras: «Puedo quitarte tu cuerpo».

He contado esta historia muchas veces, no por bravuconería, sino por necesidad de absolución. Nunca he sido una persona violenta. Aun cuando era joven y adoptaba las reglas de las calles, cualquiera que me conociera sabía que no me pegaba en absoluto. Nunca he sentido ese orgullo que supuestamente ha de acompañar a la defensa propia legítima y a la violencia justificada. Cuando era yo el que se abalanzaba sobre alguien, daba igual cuál fuera mi furia en aquel momento, después siempre me asqueaba el haberme rebajado a la forma más tosca de comunicación. Malcolm no me apelaba por amor a la violencia, sino porque en mi vida nada me había preparado para entender el gas lacrimógeno como salvación, que era como lo entendían aquellos mártires del Movimiento por los Derechos Civiles que estudiábamos en el Mes de la Historia Negra. Pero más que la vergüenza, lo que me apesadumbraba era que al intentar defenderte lo que había hecho en realidad era ponerte en peligro.

«¡Puedo hacer que te detengan!», me dijo el hombre. En otras palabras: «Uno de los primeros recuerdos de tu hijo será ver a los hombres que sodomizaron a Abner Louima y estrangularon a Anthony Baez esposarte, aporrearte, dispararte con la pistola eléctrica y romperte». Había olvidado las reglas, lo cual era un error tan peligroso en el Upper West Side como en el Westside de Baltimore. Caminad en fila india. Trabajad en silencio. Llevad un lápiz extra del número 2. No cometáis equivocaciones.

Pero uno es humano y comete equivocaciones. Uno malinterpreta las situaciones. Grita. Bebe demasiado. Va con gente con la que no debería. No todos podemos ser Jackie Robinson; ni siquiera Jackie Robinson era siempre Jackie Robinson. Pero el precio de equivocarse es mayor para ti que para tus compatriotas, y a fin de que América pueda justificarse a sí misma, la crónica de la destrucción de un cuerpo negro siempre debe empezar con un paso en falso de éste, real o imaginario, con la rabia de Eric Garner, con las palabras míticas de Trayvon Martin («Vas a morir esta noche»), con la equivocación que cometió Sean Bell al ir con quien no debía, o con el hecho de que yo me pusiera demasiado cerca del chico de los ojillos que había sacado la pipa.

Toda sociedad, casi por necesidad, empieza siempre la crónica de sus triunfos con el capítulo que la deja en mejor lugar, y en el caso de América, esos capítulos propiciatorios casi siempre asumen la forma de los actos singulares de una serie de individuos excepcionales. «Solamente hace falta una persona para cambiar las cosas», te dicen a menudo. Pero esto también es un mito. Tal vez una sola persona pueda cambiar las cosas, pero no puede obrar la clase de cambios que elevarían tu cuerpo hasta ponerlo a la altura del de tus compatriotas.

La realidad histórica es que la gente negra no se ha liberado —ni ella ni seguramente nadie— gracias a sus propios esfuerzos. En todos los grandes cambios que han afectado a las vidas de los africanos-americanos vemos la acción de unos acontecimientos que estaban fuera de nuestro control individual, unos acontecimientos que no eran bienes en estado puro. No se puede desconectar nuestra emancipación en las colonias del norte de la sangre derramada en la guerra de Independencia, igual que no se puede desconectar nuestra emancipación en el sur de los osarios de la guerra civil, igual que no se puede desconectar nuestra emancipación de las leyes de segregación de los genocidios de la Segunda Guerra Mundial. La historia no está únicamente en nuestras manos. Y, aun así, se te pide que luches, y no porque eso te garantice la victoria, sino porque eso te garantiza una vida honorable y cuerda. Me avergüenza cómo me comporté aquel día, me avergüenza el haber puesto en peligro tu cuerpo. Pero no me avergüenza haber sido un mal padre, un mal hombre ni una persona maleducada. Me avergüenza el haber cometido una equivocación, sabiendo que a nosotros las equivocaciones siempre nos cuestan más.

Ésta es la importancia de la historia que nos rodea, aunque a muy poca gente le gusta pensar en ello.

Si yo hubiera informado a aquella mujer de que al empujar a mi hijo estaba actuando de acuerdo con una tradición que consideraba que los cuerpos negros eran inferiores, lo más seguro es que ella me hubiera contestado: «Yo no soy racista». O quizá no. Pero mi experiencia en este mundo es que la gente que se cree blanca está obsesionada con las políticas de la exculpación personal. Y la palabra *racista*, para ellos, evoca o bien a un palurdo que escupe tabaco o bien a algo igual de fantasioso: un orco, un trol o una gorgona. «Yo no soy racista», insistió una vez un actor después de que lo filmaran gritándole varias veces a un espectador que lo había molestado: «¡Es un negro asqueroso! ¡Es un negro asqueroso!». Refiriéndose al senador segregacionista Strom Thurmond, Richard Nixon concluyó: «Strom no es racista». No hay racistas en América o, al menos, la gente que necesita ser blanca no conoce a ninguno en persona. En la era de los linchamientos en masa, era tan difícil averiguar con exactitud quién había hecho de verdugo que a menudo la prensa informaba de que aquellas muertes habían tenido lugar «a manos de personas desconocidas». En 1957, los residentes blancos de Levittown, Pensilvania, defendían su derecho a mantener la segregación en su ciudad. «Como ciudadanos morales, religiosos y respetuosos con la ley —escribió el grupo—, sentimos que no estamos discriminando ni mostrando prejuicios cuando deseamos que nuestra comunidad siga siendo una comunidad cerrada.» Fue un intento de cometer un acto vergonzoso y escapar de toda sanción, y lo saco a colación para mostrarte que no hubo ninguna edad de oro en que los malvados hicieran sus asuntos y los proclamaran abiertamente como lo que eran.

«Preferiríamos decir que no existe esa gente, que no hay nadie así —escribe Solzhenitsyn—. Para hacer el mal, un ser humano tiene que creer en primer lugar que lo que está haciendo es bueno, o bien que es un acto aceptable y conforme con la ley natural.» Ésta es la base del Sueño: que sus adeptos no solamente deben creer en él, sino que deben creer que es justo, creer que su posesión del Sueño es el resultado natural de las agallas, el honor y las buenas obras. Sí que se admiten de pasada los malos tiempos de antaño, aunque, eso sí, no fueron tan malos como para tener un efecto duradero en nuestro presente. El coraje necesario para apartar la vista del horror de nuestro sistema carcelario, de las fuerzas policiales transformadas en ejércitos, de la larga guerra contra el cuerpo negro, no se forja de la noche a la mañana. Es resultado del hábito practicado de sacarse los ojos y olvidar lo que hacen las propias manos. Reconocer estos horrores significa apartarse de la visión luminosa de tu país tal como siempre se ha presentado a sí mismo y volverse para ver algo más turbio y desconocido. Hacer esto sigue resultando demasiado difícil para la mayoría de los americanos. Pero es tu trabajo. Tiene que serlo, aunque solamente sea para preservar la santidad de tu mente.

Todo el discurso oficial de este país pone en entredicho la verdad de quién eres. Me acuerdo de aquel verano, que quizá tú también recuerdes, en que os coloqué a ti y a tu primo Christopher en el asiento de atrás de un coche de alquiler y partí a ver qué quedaba de Petersburg, de la Plantación de Shirley y de Wilderness. Estaba obsesionado con la guerra civil porque en ella habían muerto seiscientas mil personas. Y, sin embargo, aunque había sido objeto de comentario durante mi educación y lo seguía siendo en la cultura popular, sus razones parecían ocultas. Yo sabía que en 1859 habíamos sido esclavos y que en 1865 no lo éramos, y pensaba que lo que nos había pasado en aquellos años debía de tener cierta importancia. No obstante, cada vez que visitaba alguno de los campos de batalla, me daba la sensación de que me recibían como si yo fuera un contable fisgón en plena auditoría y alguien estuviera intentando esconder los libros de contabilidad.

No sé si te acuerdas de que la película que vimos en el Campo de Batalla de Petersburg terminaba como si la caída de la Confederación fuera el inicio de una tragedia y no un jubileo. Dudo que recuerdes que el hombre que nos hizo la visita guiada iba vestido con la ropa de lana gris de la Confederación, y que el resto de los visitantes parecían más interesados en las maniobras por los flancos, las galletas duras, los rifles de ánima lisa, la metralla y los acorazados, pero casi nadie estaba interesado en lo que todas aquellas obras de ingeniería, inventos y diseños habían estado orientados a obtener. Tú solamente tenías diez años. Pero por entonces yo ya sabía que debía incomodarte, y eso significaba llevarte a salas donde la gente insultaría tu inteligencia, donde una serie de ladrones intentaría que te apuntaras a tu propio atraco y disfrazaría sus quemas y sus saqueos de caridad cristiana. Pero el atraco es lo que es y lo que ha sido siempre.

Al inicio de la guerra civil, nuestros cuerpos robados estaban valorados en cuatro mil millones de dólares, que es más de lo que valía toda la industria americana, todos los ferrocarriles, talleres y fábricas de América juntos, y el producto más importante que producían nuestros cuerpos robados —el algodón— era la principal exportación de América. Los hombres más ricos de América vivían en el valle del río Misisipi, y obtenían su riqueza de los cuerpos robados. Nuestros cuerpos fueron mantenidos en cautiverio por los primeros presidentes. Nuestros cuerpos fueron objeto de comercio desde la Casa Blanca por parte de James K. Polk. Nuestros cuerpos construyeron el Capitolio y la Explanada Nacional. El primer tiro de la guerra civil se disparó en Carolina del Sur, donde los nuestros constituían la mayoría de los cuerpos humanos del estado. Ése fue el motivo de la gran guerra. No es ningún secreto. Pero podemos ir más allá y encontrar al bandido confesando su crimen. «Nuestra posición se identifica por completo con la institución de la esclavitud —declaró Misisipi al abandonar la Unión—, el mayor interés material del mundo.»

¿Recuerdas estar conmigo y con tu madre durante una de nuestras visitas a Gettysburg, frente a la casa de Abraham Brian? Estábamos con un joven que había estudiado la historia de la gente negra de Gettysburg. Ese joven nos explicó que la Granja de Brian se hallaba al final de la línea de las tropas federales que recibieron la carga de George Pickett el último día en Gettysburg. Nos contó también que Brian era un hombre negro, que en Gettysburg vivía una comunidad de gente negra libre y que Brian y su familia habían escapado de su casa por miedo a perder sus cuerpos ante el avance del ejército de la esclavitud, liderado por el honorable y sagrado general confederado Robert E. Lee, cuyo ejército estaba por entonces quitando a la gente negra la propiedad de sí misma para venderla en el Sur. George Pickett y sus tropas fueron repelidos por el Ejército de la Unión. Allí plantado, un siglo y medio después, me acordé del famoso pasaje en que un personaje de Faulkner se acuerda de que ese fracaso atormenta a todos los muchachos «del Sur»: «Todo está en suspenso, todavía no ha sucedido, ni siquiera ha empezado». Todos los muchachos del Sur de Faulkner eran blancos. Pero yo, plantado en la granja de un negro que había huido junto con su familia para escapar del Sur, vi a los soldados de Pickett cargando a través de la historia, persiguiendo frenéticamente su extraño derecho de nacimiento: el derecho a golpear, violar, robar y saquear el cuerpo negro. Esto era todo lo que estaba «en suspenso», el centro corrupto e innombrable del momento nostálgico.

Sin embargo, la reunificación de América acabó basándose en un discurso reconfortante que convertía la esclavitud en benevolencia, a los ladrones de cuerpos en caballeros blancos y las matanzas masivas de la guerra en una especie de torneo tras el que se podía llegar a la conclusión de que ambos bandos habían llevado a cabo sus asuntos con valentía, honor y brío. Esta mentira de la guerra civil es la mentira de la inocencia, es el Sueño. Los historiadores invocaron el Sueño. Hollywood fortaleció el Sueño. Y el Sueño fue bañado en oro por medio de novelas y relatos de aventuras. John Carter huyó de la derrota de la Confederación para ir a Marte. Se supone que no hemos de preguntar de qué estaba huyendo exactamente. De niño, igual que a todos los niños que yo conocía, me encantaba *El sheriff chiflado*. Pero me habría convenido pensar más en por qué dos forajidos, al volante de un coche llamado General Lee, tenían que ser necesariamente retratados como «un par de buenos muchachos sin intención de hacer daño a nadie», que era el mantra por antonomasia del Sueño. La verdad es que la «intención» de uno no es ni importante ni relevante. No es necesario creer que el policía que estranguló a Eric Garner salió aquel día de su casa para destruir un cuerpo. Lo único que debes entender es que el policía lleva consigo el poder del Estado americano y también el peso de un legado americano, y que ese poder y ese legado necesitan que, de los cuerpos que se destruyen todos los años, una cantidad enorme y desorbitada de ellos sean negros.

Esto es lo que me gustaría que supieras: en América es una tradición destruir el cuerpo negro: *es un patrimonio*. La esclavitud no fue un simple acto aséptico de coger prestada una fuerza de trabajo; no es tan fácil conseguir que un humano entregue su cuerpo en contra de sus intereses más elementales. De modo que la esclavitud tiene que emplear cólera azarosa y violencia corporal arbitraria, necesita cabezas rotas y sesos vertidos en el río cuando el cuerpo intenta escapar. Tiene que emplear unas violaciones tan habituales que se vuelven industriales. No hay forma edificante de decir esto. Yo no tengo himnos religiosos ni antiguas canciones espirituales negras. El espíritu y el alma son el cuerpo y el cerebro, que se pueden destruir, y es justamente por eso por lo que son tan valiosos. Y el alma no se escapaba de esto. El espíritu no se escabullía en las alas del góspel. El alma era el cuerpo que alimentaba el tabaco, y el espíritu era la sangre que regaba el algodón, y ambas cosas crearon los primeros frutos del jardín americano. Y esos frutos se obtuvieron a base de azotar a niños con leña de la cocina y del hierro candente que arrancaba la piel como si fuera las hojas de la mazorca de maíz.

Tuvo que haber sangre. Tuvo que haber lenguas atravesadas con clavos y orejas cercenadas. «Desobediencia —escribió un ama sureña—. Mucha pereza, mal humor y descuido... He usado la vara.» Tuvo que haber palizas a mozas de cocina por el crimen de batir la manteca a un ritmo ocioso. Tuvo que haber una mujer «a la que ha habido que motivar [...] con treinta azotes el sábado pasado y otros treinta este martes». Solamente por medio de las fustas para caballos, las tenazas, los atizadores de hierro, las sierras de mano, las piedras, los pisapapeles o lo que hubiera a mano se pudieron romper el cuerpo negro, la familia negra, la comunidad negra y la nación negra. Los cuerpos se pulverizaban hasta convertirlos en mercancía y se marcaban para distinguirlos. Y poseer aquellos cuerpos era una aspiración, igual de lucrativa que hacerse con la tierra de los indios, que tener

Check Out Receipt

McKinley Park

Wednesday, November
8, 2017 6:57:15 PM

Item: R0450275900
Title: Entre el mundo y
yo
Due: 11/29/2017

Total items: 1

Taiko Drums
Nov 18th 1:00 pm

670

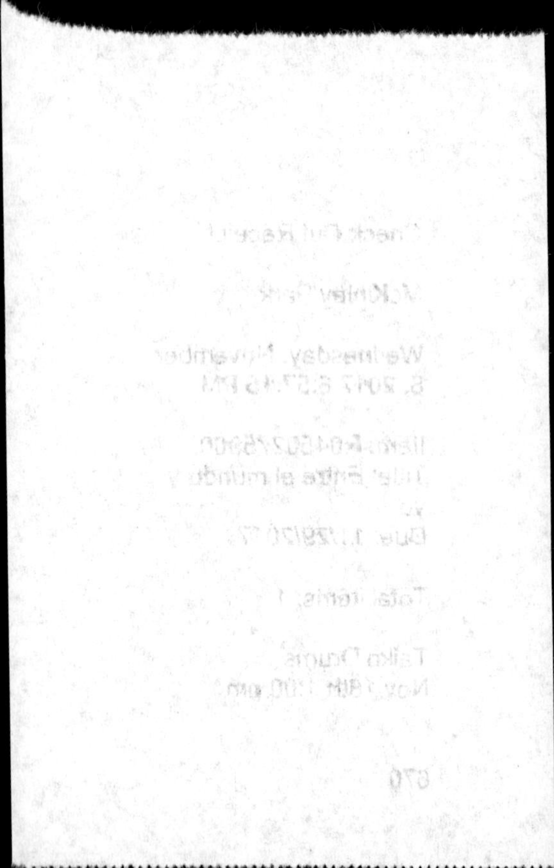

una terraza, una mujer hermosa o una casa para veranear en las montañas. Para los hombres que necesitaban creerse blancos, los cuerpos eran la llave para entrar en un club social, y el derecho a romper los cuerpos era la marca de la civilización. «Los dos grandes sectores en que se divide la sociedad no son los ricos y los pobres, sino los blancos y los negros —dijo el gran senador de Carolina del Sur John C. Calhoun—. Y los primeros, sean ricos o pobres, pertenecen a la clase superior, y hay que respetarlos y tratarlos como iguales.» Y ahí está el derecho a romper el cuerpo negro como clave de su sagrada igualdad. Y ese derecho siempre les ha conferido un sentido, siempre ha significado que había alguien en el valle porque una montaña no es una montaña a menos que haya algo por debajo de ella.*

Tú y yo, hijo mío, somos eso que está «por debajo». Esto era cierto en 1776 y lo sigue siendo. No hay un «ellos» sin ti, y si no tuvieran derecho a romper tu cuerpo se acabarían cayendo necesariamente de la montaña, perderían su divinidad y abandonarían el Sueño dando tumbos. Y luego les tocaría decidir cómo construir sus barrios residenciales sobre algo que no fueran huesos humanos, y cómo orientar sus cárceles hacia algo que no fuera un corral de ganado humano, cómo erigir una democracia que no estu-

* Thavolia Glymph, *Out of the House of Bondage.*

viera basada en el canibalismo. Pero como se creen blancos, prefieren contemplar cómo muere estrangulado un hombre ante las cámaras y bajo sus leyes. Y prefieren aceptar el mito de Trayvon Martin, un adolescente flaco, con las manos llenas de golosinas y refrescos, transformado en bestia asesina. Y prefieren ver a Prince Jones seguido por un mal policía a través de tres jurisdicciones y abatido a tiros por actuar como un ser humano. Y prefieren alargar el brazo, en pleno uso de sus facultades, y empujar a mi hijo de cuatro años como si fuera un simple obstáculo en el camino de su importante jornada.

Yo estaba allí, Samori. No. Yo volvía a estar en Baltimore, rodeado de los demás chavales. Estaba en el suelo de la sala de estar de mis padres, contemplando aquel mundo lejano e impenetrable para mí. Presa de la furia de mi edad. Estaba donde debió de estar Eric Garner en sus últimos momentos: «Esto se acaba hoy», dijo, y lo mataron. Yo sentía la injusticia cósmica, pese a que no la entendía del todo. Todavía no había estado en Gettysburg. No había leído a Thavolia Glymph. Lo único que experimentaba era la sensación, la carga. Todavía no tenía el conocimiento, y sigo sin tenerlo del todo. Pero sé que existe la carga de vivir entre los Soñadores, y existe la carga añadida de que tu país te diga que el Sueño es justo, noble y real, y que tú estás loco por ver la corrupción y oler el azufre. Para obtener su inocencia anulan tu rabia y tu miedo, hasta que pierdes el norte y te encuentras vituperándote a ti mismo —«los negros son los únicos que...»—, vituperando realmente contra tu propia humanidad y enfurecido por la criminalidad de tu gueto, porque eres impotente ante ese otro gran crimen de la historia que creó los guetos.

Es horrible de verdad considerarte a ti mismo como lo que está esencialmente «por debajo» en tu país. Dista demasiado de lo que nos gustaría pensar que somos, de nuestras vidas, del mundo por el que nos movemos y de la gente que nos rodea. La lucha por entender es nuestra única ventaja sobre esta locura. Cuando visité aquellos campos de batalla, ya sabía que habían sido reinventados como escenarios de un gran engaño, y ésa era mi única protección, porque ya no me podían insultar mintiéndome. Yo lo sabía, pero lo más importante que sabía era que, muy íntimamente, ellos también lo sabían. Me gusta pensar que el conocimiento podría haber impedido que te pusiera en peligro, que por el simple hecho de entender y aceptar la furia sería capaz de controlarla. Me gusta pensar que podría haberme limitado a decirle a la mujer lo que necesitaba decirle y haberme marchado. Me gusta pensar todo esto, pero no puedo prometerlo. En realidad, la lucha es lo único que puedo darte, porque es lo único de este mundo que está bajo tu control.

Siento no poder arreglar la situación. Siento no poder salvarte, pero no lo siento demasiado. En parte creo que tu misma vulnerabilidad te acerca al significado de la vida, igual que a otros la misión de creerse blancos los aleja de ese significado. La verdad es que a pesar de sus sueños, sus vidas tampoco son inviolables. Cuando su propia vulnerabilidad se vuelve real —cuando la policía decide que las tácticas diseñadas para el gueto se pueden usar en más lugares, cuando su sociedad armada abate a tiros a sus hijos, cuando la naturaleza manda huracanes contra sus ciudades—, se quedan asombrados de una forma en que nunca podremos estarlo quienes nacimos y nos criamos para entender la causa y el efecto. Y yo no querría que vivieras como ellos. Perteneces a una raza que siempre tiene el viento en contra y los sabuesos pisándole los talones. Y en diversos grados, esto se aplica a la vida entera. La diferencia es que tú no tienes el privilegio de vivir ignorando este hecho esencial.

Te estoy hablando igual que siempre: como al hombre sereno y serio que siempre he querido que seas, que no se disculpa por sus sentimientos humanos, que no pide excusas por su altura ni por sus brazos largos ni por su hermosa sonrisa. Estás creciendo y cobrando conciencia de las cosas, y lo que te deseo es que no sientas la necesidad de limitarte para que otra gente se sienta cómoda. De todas formas, nada de eso podría cambiar la situación. Nunca he querido que fueras el doble de bueno que ellos, igual que nunca he querido que afrontes cada día de tu breve existencia como un conflicto. La gente que necesita creer que es blanca no puede ser nunca tu rasero. Nunca te pediría que te refugiaras en tu propio sueño. Lo que quiero para ti es que seas un ciudadano consciente de que este mundo es terrible y hermoso.

Un día estaba en Chicago, cubriendo una información sobre la historia de la segregación en la zona norte de la ciudad y sobre el hecho de que ésta había sido diseñada por medio de políticas gubernamentales. Estaba siguiendo a algunos agentes del sheriff del condado mientras hacían su ronda. Aquel día vi a un hombre negro perder su casa. Entré con los agentes del sheriff al interior de la vivienda, donde un grupo de ellos estaban hablando con la mujer del hombre, que al mismo tiempo intentaba ocuparse de sus dos criaturas. Estaba claro que nadie la había avisado de que iba a venir el sheriff, mientras que algo en la conducta de su marido me dijo que él sí debía de saberlo. En la mirada de su mujer se veía simultáneamente horror ante la situación, furia hacia los policías y furia hacia su marido. Los agentes estaban en la sala de estar del hombre, instruyéndole sobre lo que iba a pasar a continuación. Fuera había hombres contratados para llevarse las posesiones de la familia. El hombre estaba humillado, y yo me imaginé que seguramente llevaba tiempo siendo consciente, en su cabeza y a solas, de lo que estaba amenazando a su familia, pero no había tenido valor de admitirlo ni ante sí mismo ni ante su mujer. De forma que en ese momento, transformó toda aquella energía en rabia y la dirigió a los agentes. Soltó palabrotas. Gritó. Señaló frenéticamente. El departamento de aquel sheriff en concreto era más progresista que otros. Les preocupaban los encarcelamientos masivos. A menudo llevaban a un trabajador social a los desahucios. Pero aquello no tenía nada que ver con la lógica subyacente e implacable del mundo en el que vivía aquel hombre, una lógica basada en unas leyes basadas en una historia basada en el desprecio hacia aquel hombre y su familia y los destinos de ésta.

El hombre continuó con su diatriba. Cuando los agentes se alejaron, siguió despotricando ante el grupo de hombres negros contratados para sacar a su familia a la calle. Sus modales eran como los de toda la gente negra impotente que he conocido en mi vida: una exageración de sus cuerpos para esconder un saqueo fundamental que no podían impedir.

Yo me había pasado la semana explorando aquella ciudad, recorriendo sus solares vacíos, contemplando a los chavales ociosos, sentado en los bancos de sus batalladoras iglesias, encogiéndome de horror ante sus murales callejeros dedicados a los muertos. Y de vez en cuando me sentaba en las humildes casas de una serie de personas negras de aquella ciudad que ya estaban entrando en su décima década de vida. Eran personas dotadas de profundidad. Sus casas estaban llenas de emblemas de sus vidas honorables: premios a la ciudadanía, retratos de maridos y esposas difuntos, varias generaciones de hijos con toga y birrete. Y habían reunido aquellos galardones a base de limpiar casas enormes y de haber vivido en cabañas de una sola habitación en Alabama antes de mudarse a la ciudad. Y lo habían hecho a pesar de la ciudad, que al principio se suponía que tenía que haber sido una mejora pero acabó revelándose únicamente como una modalidad más intrincada de saqueo. Habían tenido dos y tres trabajos simultáneamente, habían mandado a sus hijos e hijas al instituto y a la universidad y se habían convertido en pilares de su comunidad. Yo los admiraba, aunque todo el tiempo era consciente de estar viendo únicamente a los supervivientes, a quienes habían resistido a los bancos y su desprecio de cara inexpresiva, a los agentes inmobiliarios y su compasión falsa —«lo siento, esa casa se vendió ayer»—, a los mismos agentes inmobiliarios que los empujaban de vuelta a las calles del gueto o bien a las calles marcadas para convertirse pronto en guetos, a los prestamistas que encontraban a aquella clase cautiva y trataban de robarles todo lo que tenían. En aquellas casas vi a los mejores de nosotros, pero yo sabía que detrás de cada uno de ellos había muchos millones que ya no estaban.

Y sabía que había gente nacida en aquellos mismos vecindarios enjaulados del Westside, en aquellos guetos, todos igual de planificados que circunscripciones. Aquellos lugares eran un acto elegante de racismo, unos campos de la muerte creados por las políticas federales, donde nuevamente nos saqueaban y nos robaban nuestra dignidad, nuestras familias, nuestro dinero y nuestras vidas. Y no había diferencia alguna entre la muerte violenta de Prince Jones y los asesinatos que tenían lugar en aquellos campos de la muerte, porque ambos estaban arraigados en la supuesta inhumanidad de la gente negra. A Prince Jones lo habían asesinado un legado de saqueo, una red de leyes y tradiciones, un patrimonio y un Sueño, con la misma certidumbre con que esas cosas asesinan a gente negra en North Lawndale con regularidad aterradora. La «criminalidad entre negros» es un término en clave, una violencia ejercida sobre el lenguaje, destinada a hacer desaparecer a los hombres que diseñaron los pactos, que arreglaron los préstamos, que planearon las viviendas para pobres, que construyeron las calles y que vendieron barriles enteros de tinta roja. Y esto no debería sorprendernos. El saqueo de vidas negras se inoculó en este país durante su infancia y después se potenció a lo largo de su historia, hasta el punto de que el saqueo ya se ha convertido en una herencia, en una inteligencia, en una conciencia, en una configuración por defecto a la que todos, probablemente al final de nuestros días, debemos regresar de forma invariable.

Los campos de la muerte de Chicago, de Baltimore y de Detroit fueron creados por las políticas de los Soñadores, pero su carga y su vergüenza únicamente pesan sobre las espaldas de quienes están muriendo en ellos. Hay un gran engaño en esto. Gritar «criminalidad entre negros» es disparar a un hombre y luego avergonzarlo por sangrar. Y la premisa que permite que existan estos campos de la muerte —la degradación del cuerpo negro— no es distinta de la premisa que permitió el asesinato de Prince Jones. El Sueño de actuar como blanco, de hablar como blanco, de ser blanco, asesinaron a Prince Jones con tanta certeza como asesinan a gente negra en Chicago con regularidad aterradora. No aceptes la mentira. No bebas el veneno. Las mismas manos que trazaron líneas rojas alrededor de la vida de Prince Jones trazaron líneas rojas alrededor del gueto.

Yo no quise criarte con miedo a los falsos recuerdos. No quise obligarte a enmascarar tus alegrías y vendar tus ojos. Lo que quise era que cobraras conciencia al crecer. Decidí no esconderte nada.

¿Te acuerdas de la primera vez que te llevé al trabajo, cuando tenías trece años? Fuimos a ver a la madre de un chico negro muerto. El chico había discutido con un blanco y éste lo había matado por negarse a bajar su música. El asesino, después de vaciar su pistola, se fue en coche con su novia a un hotel. Estuvieron bebiendo. Pidieron una pizza. Y luego, al día siguiente, cuando le pareció bien, el hombre se entregó. Aseguró haber visto una escopeta. Aseguró que había temido por su vida y que se había impuesto únicamente a través de la violencia legítima. «Fui la víctima y el vencedor», afirmó, igual que habían afirmado antes otras muchas generaciones de saqueadores americanos. No se encontró ninguna escopeta en la escena. Aun así, su declaración influyó en el jurado, y al asesino no lo condenaron por la muerte del chico, sino por disparar repetidas veces a los amigos del chico cuando intentaban retirarse. Destruir el cuerpo negro era permisible; pero era mejor hacerlo con eficacia.

Después, la madre de aquel chico asesinado presentó su caso a la prensa y a varios escritores. Nos reunimos con ella en el vestíbulo de su hotel de Times Square. Era una mujer de estatura mediana, piel morena y melena hasta los hombros. No había pasado ni una semana desde el veredicto. Aun así, se la veía serena y dueña de sí misma. No se dedicó a rabiar contra el asesino, sino a preguntarse en voz alta si las reglas que ella había impartido habían sido suficientes. Ella había querido que su hijo defendiera las cosas en las que creía y que se mostrara respetuoso. Y él había muerto por creer que sus amigos tenían derecho a poner la música a todo volumen, a ser adolescentes americanos. Pero la mujer se había quedado con la incógnita. «No paro de decirme a mí misma: si no hubiera plantado cara, si no hubiera intervenido, ¿seguiría vivo?»

Ella nunca se olvidaría de lo especial que había sido su hijo, de la singularidad de su vida. No se olvidaría de que había tenido un padre que lo amaba y que había cuidado de él mientras ella luchaba contra el cáncer. No se olvidaría de que su hijo había sido el alma de la fiesta ni de que siempre tenía amigos nuevos que a ella le tocaba llevar de un lado a otro en el monovolumen. Y ahora ella lo mantendría con vida con su trabajo. Yo le dije que el veredicto me enfurecía. Le dije que la mera idea de que algún miembro de aquel jurado pudiera creerse que había un arma en el coche resultaba desconcertante. Ella me dijo que también estaba perpleja, y que yo no tenía que confundir la tranquilidad de sus pesquisas con la ausencia de furia. Sin embargo, Dios había apartado su rabia de la venganza y la había orientado hacia la redención, me dijo. Dios le había hablado y le había encomendado un nuevo activismo. Luego la madre del chico asesinado se levantó, se dirigió a ti y te dijo:

«Tú existes. Tú importas. Tienes todo el derecho a llevar tu capucha y a poner la música tan fuerte como quieras. Tienes derecho a ser tú. Has de ser tú. Y no puedes nunca tener miedo a ser tú».

Yo me alegré de que te dijera aquello. A veces he intentado decirte lo mismo, y confieso que si no lo he dicho de forma tan clara y directa es porque tengo miedo. Y no tengo a un Dios que me apoye. Y creo que cuando hacen trizas el cuerpo, están haciendo trizas todo, y yo sabía que todos nosotros —cristianos, musulmanes y ateos— vivíamos con el miedo a esa verdad. El robo del cuerpo es una modalidad del terrorismo, y su amenaza altera la órbita de todas nuestras vidas, e igual que pasa con el terrorismo, se trata de una distorsión intencionada. El robo del cuerpo. El dragón que obligaba a los chicos que yo conocía, de chaval, a emprender una extravagante representación de la propiedad. El robo del cuerpo. El demonio que empujaba a los supervivientes de la clase media negra a una pasividad agresiva, a restringir nuestra conversación en los ámbitos públicos, a mostrar nuestros mejores modales, a nunca sacar las manos de los bolsillos, a limitar nuestros gestos como diciendo: «Mirad, no hago movimientos bruscos». El robo del cuerpo. La serpiente de mis años de escolar, la misma que me exigía que fuera el doble de bueno que los blancos, por mucho que fuera un niño. El asesinato nos rodeaba por todos lados, y todos sabíamos, en el fondo, en un espacio silencioso de nuestro interior, que el autor de aquellos asesinatos estaba fuera de nuestro alcance y que servía a unos intereses ajenos. Y teníamos razón.

Así es como mido lo que he progresado en la vida: me imagino a mí mismo tal como era antaño, en West Baltimore, eludiendo la esquina de North y Pulaski, eludiendo las Murphy Homes, temeroso de las escuelas y de las calles, y me imagino enseñándole a aquel chico perdido un retrato de mi vida actual y preguntándole qué le parece. Solamente una vez —durante tus primeros dos años de vida, en los primeros dos *rounds* del combate de mi vida— he creído que se habría sentido decepcionado. Te escribo desde el precipicio de mi cuarenta cumpleaños, tras llegar a un punto de mi vida no demasiado prominente pero sí situado más allá de nada que aquel chico hubiera podido imaginarse. Nunca llegué a dominar las calles, porque no podía interpretar el lenguaje corporal lo bastante deprisa. Tampoco llegué a dominar las escuelas, porque no entendía adónde podía llevar nada de todo aquello. Pero no caí. Tengo a mi familia. Tengo mi trabajo. Ya no me parece necesario agachar la cabeza en las fiestas y contar a la gente que estoy «intentando ser escritor». Y aunque no tengo Dios, todavía me maravilla el hecho de ser humano, el hecho de poseer el don del estudio y por consiguiente destacar entre toda la materia que flota por el cosmos.

He invertido gran parte de mi estudio en buscar la pregunta adecuada que me permita entender plenamente la separación entre el mundo y yo. No me he pasado el tiempo estudiando el problema de la «raza»: la «raza» en sí no es más que una reiteración y un atrincheramiento del problema. Esto se ve de vez en cuando, cuando algún lerdo —normalmente creyéndose blanco— propone que el camino del progreso es una enorme orgía de blancos y negros que solamente terminará cuando todos seamos beis y, por tanto, de la misma «raza». Pero hay mucha gente «negra» que ya es beis. Y la historia de la civilización está llena de «razas» muertas (los francos, los italianos, los alemanes, los irlandeses) que cayeron en el olvido porque ya no cumplían con su cometido: la organización de la gente de debajo, y de fuera, del paraguas de los derechos.

Si mi vida terminara hoy, te diría que he tenido una vida feliz; que obtuve gran placer del estudio y de esa misma lucha en la que ahora intento enrolarte. A lo largo de esta conversación ya has visto que mi lucha se ha quebrado y me ha reconstruido varias veces: en Baltimore, en La Meca, con ocasión de la paternidad, en Nueva York. Esos cambios me han proporcionado un éxtasis que solamente llega cuando ya no te pueden mentir, cuando has rechazado el Sueño. Pero por encima de todo, los cambios me han enseñado a explotar mejor ese don singular del estudio, el hecho de cuestionar lo que veo y después cuestionar lo que veo a continuación, porque las preguntas importan tanto como las respuestas o quizá más.

Pero, oh, mi mirada. De niño, la parte de mí que más sufría era la mirada. Por mucho que la vida me haya ido bien desde el criterio de un niño, hay que añadir que dicho criterio se veía dificultado por lo poco que había visto en calidad de niño de una clase cautiva como la mía. Por entonces, el Sueño parecía la cima de todo: hacerse uno rico y vivir en una de aquellas casas no adosadas que había en el campo, en una de aquellas pequeñas comunidades, en uno de aquellos callejones sin salida con sus caminos de suaves curvas donde tenían lugar las películas para adolescentes, los niños se construían sus casitas en los árboles y en el último año antes de la universidad los adolescentes hacían el amor en coches aparcados junto al lago. El Sueño parecía ser el objetivo del mundo para mí, el clímax de la ambición americana. ¿Qué otra cosa podía existir, más que los reportajes y los barrios residenciales?

Tu madre lo sabía. Tal vez porque la habían criado dentro de los confines físicos de un lugar así, o tal vez porque había vivido cerca de los Soñadores. Tal vez porque la gente que se creía blanca le había dicho que era lista y a continuación le había dicho que no era realmente negra, a modo de cumplido. Tal vez porque los chicos de allí, que de hecho eran negros, le habían dicho que era «guapa para ser una chica de piel oscura». Tu madre nunca se había sentido muy cómoda en ningún sitio, y por eso era esencial para ella saber que podía irse a otra parte; esa necesidad la impulsó primero a ir a La Meca, después a Nueva York y por fin más lejos. Para su treinta cumpleaños viajó a París. No estoy seguro de que te acuerdes. Solamente tenías seis años. Nos pasamos la semana entera cenando pescado frito y pastel, dejando ropa interior en la encimera y poniendo a Ghostface Killah a todo volumen. A mí jamás se me había ocurrido salir de América, ni siquiera de forma temporal. Y era por mi mirada. Mi amigo Jelani, que se había criado como yo, decía que él antes solía considerar los viajes un lujo absurdo, algo parecido a gastarse todo el cheque del alquiler en un traje de color rosa. Y yo por entonces pensaba lo mismo. Me desconcertaban los sueños que tenía tu madre con París. No los podía entender, y tampoco creía que me hiciera falta. Una parte de mí seguía en aquella clase de Francés de séptimo curso, pensando únicamente en la seguridad inmediata de mi cuerpo, contemplando Francia igual que uno podía contemplar Júpiter.

Pero ahora tu madre lo había hecho, y a la vuelta le danzaban en los ojos todas las posibilidades que había allí, no solamente para ella, sino también para ti y para mí. El sentimiento se acabó contagiando de manera algo ridícula. Fue como enamorarse; las cosas que lo afectan a uno son tan pequeñas, las cosas que no te dejan dormir son tan particulares para ti, que cuando intentas explicárselas a los demás la única recompensa que éstos te pueden dar es un asentimiento cortés y mudo con la cabeza. En París, tu madre había hecho muchas fotografías de puertas, puertas gigantes, de colores azul intenso, ébano, naranja, turquesa y rojo vivo. Yo examiné las imágenes de aquellas puertas gigantes en nuestro pequeño apartamento de Harlem. Jamás había visto nada parecido. Jamás se me habría ocurrido que pudieran existir unas puertas tan enormes, que pudieran ser tan comunes en una parte del mundo y estar tan completamente ausentes en otra. Y me di cuenta, mientras escuchaba a tu madre, que Francia no era un experimento teórico, sino un lugar real lleno de gente real con tradiciones distintas, con unas vidas realmente distintas y un sentido distinto de la belleza.

Cuando miro atrás, veo que por entonces estaba recibiendo el mismo mensaje desde todas partes. En aquel tiempo entre mis amigos había mucha gente vinculada a mundos distintos. «Enorgullece a la raza», solían decir los mayores. Pero para entonces yo ya sabía que no estaba vinculado a una «raza» biológica, sino a un grupo de gente, y que aquella gente no era negra porque fueran todos del mismo color ni porque tuvieran unos mismos rasgos físicos. Lo que los unía era el hecho de sufrir bajo la opresión del Sueño, y lo que los unía eran todas las cosas hermosas, todo el idioma y los manierismos, toda la comida y la música, toda la literatura y la filosofía y todo el lenguaje común que estaban tallando bajo la presión del Sueño como si de diamantes se tratara. No hace mucho estaba en un aeropuerto recogiendo una bolsa de una cinta transportadora de equipajes. Choqué con un joven negro y le dije: «Culpa mía». Sin levantar la vista siquiera, él me dijo: «No pasa nada». Y aquella simple conversación estuvo llena de esa comunicación privada que solamente puede darse entre dos desconocidos de esta tribu que llamamos la gente negra. En otras palabras, yo formaba parte de un mundo. Y asomándome desde él, veía a amigos que formaban parte de otros: el mundo de los judíos o de los neoyorquinos, el mundo de los sureños o de los hombres gais, de los inmigrantes, de los californianos, de los nativos americanos, o bien combinaciones de cualesquiera de éstos, mundos cosidos con otros mundos formando un tapiz. Y aunque yo no podía ser nativo de ninguno de aquellos mundos, sabía que entre nosotros no se interponía nada tan esencialista como la raza. Para entonces ya había leído demasiado. Y mi mirada —mi hermosa y valiosa mirada— se estaba fortaleciendo con cada día que pasaba. Y veía que lo que me separaba del mundo no era nada intrínseco a nosotros, sino la herida que nos había infligido la gente decidida a nombrarnos, decidida a creer que el nombre que nos habían puesto importaba más que cualquier cosa que pudiéramos hacer. Y en América, esa herida no consistía en nacer con la piel más oscura, con los labios más carnosos o la nariz más gruesa, sino en todo lo que venía después. Durante mi breve conversación con aquel joven hablé el lenguaje de mi gente. Fue una intimidad brevísima, pero que captó gran parte de la belleza de mi mundo negro: la naturalidad con que nos tratábamos tu madre y yo, el milagro de La Meca, mi forma de fundirme con las calles de Harlem. Llamar «racial» a ese sentimiento es entregar a los saqueadores todos esos diamantes tallados por nuestros antepasados. Era un sentimiento que creábamos nosotros, aunque estuviera forjado a la sombra de la gente asesinada, de la gente violada y despojada de su cuerpo; aun así, lo creábamos nosotros. Ésta era la hermosura que yo había visto con mis propios ojos, y creo que necesitaba esa perspectiva aventajada antes de poder viajar. Creo que necesitaba saber que yo era de alguna parte, que mi casa era igual de hermosa que cualquier otra.

Siete años después de ver las fotografías de aquellas puertas, recibí mi primer pasaporte adulto. Ojalá lo hubiera tenido antes. Ojalá, cuando estaba en aquella clase de Francés, hubiera conectado las conjugaciones, los verbos y el género de los sustantivos con algo más grande. Ojalá alguien me hubiera dicho lo que era en realidad aquella clase: una puerta a otro mundo azul. Yo quería ver aquel mundo en persona, ver las puertas y todo lo que había tras ellas. El día de mi partida me senté en un restaurante con tu madre, que tanto me había enseñado. Y le dije: «Tengo miedo». No hablaba francés, no conocía las costumbres. Estaría solo. Ella se limitó a escuchar y a cogerme la mano. Y aquella noche me subí a una nave estelar. La nave estelar salió disparada a la oscuridad, atravesó la noche, dejó atrás West Baltimore, dejó atrás La Meca, dejó atrás Nueva York y dejó atrás todos los idiomas y espectros que yo conocía.

Mi billete me llevó primero a Ginebra. Todo pasó muy deprisa. Tenía que cambiar dinero. Tenía que encontrar un tren que fuera del aeropuerto a la ciudad y después encontrar un tren que fuera a París. Unos meses antes había emprendido un estudio difuso del idioma francés. Ahora estaba en plena tormenta de francés, empapado en realidad, y únicamente equipado para entender gotas sueltas del idioma: «quién», «euros», «tú», «a la derecha». Seguía teniendo mucho miedo.

Examiné el horario de los trenes y me di cuenta de que si me equivocaba una sola vez de billete podía terminar en Viena, en Milán o en algún pueblo de los Alpes del que nadie que yo conociera había oído hablar nunca. Y pasó justo entonces: la conciencia de estar demasiado lejos de todo, el miedo, las posibilidades inescrutables, todo junto —el horror, la maravilla, el placer— se fundió en una sola excitación erótica. No era una excitación desconocida. Se parecía a la ola que me había bañado en Moorland. Se parecía al chute narcótico que había recibido al contemplar a la gente con sus copas de vino desperdigadas por West Broadway. Era lo mismo que había sentido al mirar aquellas puertas parisinas. Y en aquel momento me di cuenta de que aquellos cambios, con toda su agonía, incomodidad y confusión, eran el dato definitorio de mi vida, y por primera vez supe que no solamente estaba realmente vivo, y realmente estudiando y observando, sino que llevaba mucho tiempo vivo, incluso en mis años de Baltimore. Que siempre había estado vivo. Y que siempre había estado traduciendo.

Llegué a París. Me registré en un hotel del distrito sexto. No tenía ningún conocimiento de la historia local. No pensé mucho en Baldwin ni en Wright. No había leído a Sartre ni a Camus, y si pasé entonces por delante del Café de Flore o de Les Deux Magots, no me fijé particularmente. Nada de eso importaba. Era viernes, y lo único que importaba eran las calles abarrotadas de gente en asombrosas formaciones.

Adolescentes reunidos en cafés. Colegiales dando patadas a un balón de fútbol en las calles, con las mochilas al lado. Parejas mayores con abrigos largos, fulares al viento y *blazers*. Veinteañeros asomados a las ventanas abiertas de montones de establecimientos de aspecto atractivo y sofisticado. Me recordó a Nueva York pero sin el miedo de baja intensidad, constante. La gente no llevaba armadura, al menos ninguna que yo pudiera reconocer. Las calles laterales y las callejuelas estaban atiborradas de bares, restaurantes y cafés. Todo el mundo caminaba. Y quienes no caminaban se estaban abrazando. Me sentí yo mismo más allá de todo derecho natural. Mi flequillo romano era geométrico. Mi raya al lado era recta como una espada. Salí y me fundí con la ciudad. Como si fuera mantequilla en el estofado. Y oí cantar en mi mente a Big Boi:

> *I'm just a playa like that, my jeans were*
> [*sharply creased.*
> *I got a fresh white T-shirt and my cap is*
> [*slightly pointed east.*

> [Soy un tío elegante, mis vaqueros tienen la
> [raya marcada.
> Tengo una camiseta blanca y limpia y la gorra
> [un poco ladeada hacia el este.]

Cené con un amigo. El restaurante era del tamaño de dos salas de estar grandes. Las mesas estaban pegadas las unas a las otras, y para sentarte, la camarera tenía que poner en práctica una especie de magia, apartando una mesa y luego encajándote en el hueco, como si fueras una criatura en una trona. Había que invocarla para usar el lavabo. Cuando llegó la hora de pedir la comida, la llamé con mi francés catastrófico. Ella asintió con la cabeza y no se rio. No nos dedicó ninguna amabilidad falsa. Nos bebimos una botella de vino increíble. Yo comí filete. Comí *baguette* con tuétano. Comí hígado. Me tomé un expreso y un postre que no puedo ni pronunciar. Usando todas las palabras francesas que fui capaz de recordar, intenté decirle a la camarera que la comida era magnífica. Ella me interrumpió en inglés: «La mejor de tu vida, ¿verdad?». Me levanté para irme, y a pesar de haberme zampado la mitad de la carta, me sentí ligero como una pluma. Al día siguiente me levanté temprano y crucé la ciudad a pie. Visité el Museo Rodin. Paré en un restaurante, y con todo el miedo de un muchacho que se acerca a una chica hermosa en una fiesta, me pedí primero dos cervezas y después una hamburguesa. Fui andando a los Jardines de Luxemburgo. Debían de ser las cuatro y media de la tarde. Tomé asiento. Los jardines estaban abarrotados de gente, nuevamente todos con sus costumbres ajenas. En aquel momento se adueñó de mí una extraña soledad. Tal vez fuera porque llevaba todo el día sin pronunciar una sola palabra de inglés. Tal vez fuera porque nunca antes me había sentado en unos jardines públicos, ni siquiera había sabido que era algo que quisiera hacer. Y por todos lados me rodeaba gente que lo hacía con regularidad.

Se me ocurrió que realmente estaba en un país ajeno y, sin embargo, de forma necesaria, yo estaba fuera de su país. En América yo formaba parte de una ecuación, por mucho que aquella parte no me gustara. Yo era el único al que la gente paraba en la calle Veintitrés en medio de un día de trabajo. Era el único al que llevaban en coche a La Meca. Yo no era solamente un padre, sino el padre de un chico negro. No solamente estaba casado, sino que era el marido de una mujer negra, un símbolo cargado de connotaciones del amor negro. Sin embargo, sentado en aquel jardín, era por primera vez un extranjero, un marinero; sin tierra y desconectado. Y lamentaba no haber sentido nunca antes aquella soledad tan concreta; no haberme sentido nunca tan lejos de los sueños de los demás. De pronto sentía la carga más pesada de mis cadenas generacionales; de mi cuerpo encerrado por la historia y la política de ciertas zonas. Algunos de nosotros escapábamos. Pero el juego se jugaba con dados cargados. Me gustaría haber sabido más. Y me gustaría haberlo sabido antes. Me acuerdo de que aquella noche vi a los adolescentes que se juntaban a orillas del Sena para hacer sus cosas de adolescentes.

Y me acuerdo de que pensé que me habría encantado que aquella fuera mi vida; me habría encantado tener otro pasado que no fuera el miedo. Yo no tenía aquel pasado, ni a mano ni en la memoria. Pero te tenía a ti.

Regresamos a París aquel mismo verano, porque a tu madre le encantaba la ciudad y porque a mí me encantaba el idioma, pero sobre todo por ti.

Quería que tú tuvieras tu propia vida, al margen del miedo, incluso al margen de mí. Yo estoy marcado por códigos antiguos, que me protegen en un mundo pero me encadenan en otro. Me acuerdo de que tu abuela me llamó y me comentó que estabas cada vez más alto y que un día intentarías «ponerme a prueba». Y yo le dije que, si ese día llegaba, lo consideraría el fracaso total de la paternidad, porque si lo único que yo tenía para convencerte eran mis manos, entonces no tenía nada de nada. Pero perdóname, hijo, porque entendía lo que ella me estaba diciendo y cuando eras más joven yo pensaba igual. Y ahora me avergüenza haberlo pensado, me avergüenzan mi miedo y las cadenas generacionales que intenté cerrarte en torno a las muñecas. Estamos entrando en nuestros últimos años juntos, y ahora me gustaría haber sido menos severo contigo. Tu madre tuvo que enseñarme a quererte: a besarte y a decirte que te quiero todas las noches. Todavía resulta más un ritual que un acto completamente natural. Y es porque estoy herido. Es porque estoy atado a viejas costumbres, que aprendí en una casa bastante dura. Era una casa con amor pese al hecho de estar asediada por su país, pero era *bastante* dura. Ni siquiera en París podía quitarme de encima las viejas costumbres, el instinto de andarme con cuidado a cada paso y de estar siempre a punto de marcharme.

Pocas semanas después de que llegáramos, hice un amigo que quería practicar inglés tanto como yo quería practicar francés. Quedamos un día entre el gentío de delante de Notre-Dame. Fuimos andando hasta el Barrio Latino. Fuimos a una vinoteca. En la acera de la vinoteca había sillas y mesas. Nos sentamos y nos bebimos una botella de tinto. Nos sirvieron montones de embutidos, pan y queso. ¿Acaso era la cena? ¿Acaso era una costumbre normal? Yo ni siquiera habría podido imaginármelo. Y lo que es más, ¿acaso se trataba de un elaborado ritual para aprovecharse de mí? Mi amigo pagó. Le di las gracias. Pero cuando nos marchamos me aseguré de que él salía primero. Quería enseñarme uno de aquellos edificios antiguos que parecían abundar en todas las esquinas de la ciudad. Y todo el tiempo que él me estuvo guiando por las calles yo me lo pasé convencido de que se iba a meter en cualquier momento por un callejón donde habría unos tipos esperando para quitarme... ¿qué, exactamente? Pero mi nuevo amigo se limitó a enseñarme el edificio, me estrechó la mano, me deseó una agradable *bonne soirée* y se adentró en la intemperie de la noche.

Y al verlo alejarse, tuve la sensación de haberme perdido una parte de la experiencia por culpa de mi mirada, porque mi mirada estaba hecha en Baltimore, porque mis ojos estaban vendados por el miedo.

Lo que yo quería era poner toda la distancia posible entre aquel miedo cegador y tú. Quería que vieras a gente distinta viviendo según reglas distintas. Quería que vieras a las parejas sentadas muy juntas en los cafés, giradas para contemplar la calle. A las mujeres yendo en sus bicicletas antiguas por las calles, sin casco, con vestidos largos y blancos. A las mujeres que pasaban a toda velocidad con sus minishorts y sus patines de color rosa. Quería que vieras a los hombres con pantalones de color salmón, camisas blancas y jerséis de colores vivos anudados en torno al cuello, a los hombres que desaparecían a la vuelta de la esquina y volvían a aparecer en coches de lujo, con la capota bajada, amando sus vidas. Todos fumando. Todos sabiendo que a la vuelta de la esquina los esperaba o bien una muerte atroz o una orgía. ¿Te acuerdas de cómo los ojos se te iluminaron como velas cuando nos plantamos en Saint-Germain-des-Prés? Yo solamente vivía para aquella mirada.

Y aun así, quería que fueras consciente, que entendieras que distanciarse del miedo, aunque fuera un momento, no te daba un pasaporte para salir de la lucha. Que tú y yo siempre seremos negros, aunque eso signifique cosas distintas en sitios distintos.

Francia está construida sobre su propio sueño, sobre su colección de cadáveres, y te recuerdo que llevas el nombre de un hombre que luchó contra Francia y contra su proyecto nacional de robo por colonización. Es cierto que nuestro color no era el rasgo distintivo allí, no tanto como la americanidad que representaba lo mal que hablábamos francés. Y es cierto que hay algo particular en la forma en que nos ven los americanos que se creen blancos: algo sexual y obsceno. En Francia no estábamos esclavizados. No éramos su «problema» particular ni su culpa nacional. No éramos sus negros. Si esto te consuela, te recomiendo que no te dejes llevar por él. Recuerda tu nombre. Recuerda que tú y yo somos hermanos, que somos los hijos de la violación transatlántica. Recuerda la expansión de la conciencia que acompaña a eso. Recuerda que en última instancia esa conciencia no puede ser racial; tiene que ser cósmica. Recuerda a la mujer romaní que viste pidiendo con sus hijos en la calle y la ponzoña con que la gente los trataba. Recuerda al taxista argelino, que nos habló abiertamente de lo mucho que odiaba París y luego nos miró a tu madre y a mí e insistió en que estábamos todos unidos por África. Recuerda el retumbar que sentíamos por debajo de la belleza de París, como si la ciudad entera hubiera sido construida con vistas a convertirse en Pompeya. Recuerda la sensación de que todos aquellos enormes jardines públicos y todos aquellos largos almuerzos podían ser destruidos por la física, prima de nuestras reglas y del juicio de nuestro país, que no podemos entender en su totalidad.

Estuvo bien tener allí a tu tío Ben y a tu tía Janai, dos personas también obligadas a relativizar el asombro ante lo que aquella gente había construido y el hecho de que gran parte había sido construido encima de alguien; dos personas que también habían aprendido a viajar de adultos; dos personas que también habían sido negras en América y que vivían preocupadas principalmente por la seguridad de sus cuerpos. Y todos éramos conscientes de que las fuerzas que apresaban nuestros cuerpos en América estaban relacionadas con las fuerzas que habían dado su riqueza a Francia. Éramos conscientes de que gran parte de lo que había allí se basaba en el saqueo de los cuerpos haitianos, en el saqueo de los cuerpos de los wolofs, en la destrucción de los toucouleurs, en la toma de Bissandugu.

Aquél fue el mismo verano en que absolvieron al asesino de Trayvon Martin, el mismo verano en que comprendí que es imposible liberarse. Nuestro país nos encontraría en cualquier idioma. ¿Te acuerdas de cuando cogimos el tren en la Place de la Nation para celebrar tu cumpleaños con Janai y Ben y los niños? ¿Te acuerdas del joven que estaba protestando delante del metro? ¿Te acuerdas de su letrero? VIVE LE

COMBAT DES JEUNES CONTRE LES CRIMES RACISTES! USA: TRAYVON MARTIN, 17 ANS ASSASSINÉ CAR NOIR ET LE RACISTE ACQUITTÉ.

Yo no morí durante mi juventud sin rumbo. No perecí en plena agonía de no saber. No me encarcelaron. Pude demostrarme a mí mismo que había otra salida que no eran las escuelas y las calles. Ahora tenía la sensación de estar entre los supervivientes de un enorme desastre natural, de una plaga, de un alud o un terremoto. Ahora que vivía en las postrimerías de una masacre y había llegado a una tierra que antaño me había resultado mítica, todo parecía rodeado de un halo: los fulares de colores pastel de los parisinos resultaban más luminosos, el aroma matinal que salía de las *boulangeries* era hipnótico, y el idioma que me rodeaba no me parecía tanto un idioma como una danza.

Tu itinerario será distinto. Tiene que serlo. A los once años tú ya sabías cosas que yo no sabía ni a los veinticinco. A los once años mi prioridad básica era la simple seguridad de mi cuerpo. Mi vida era una negociación inmediata con la violencia, dentro y fuera de mi casa. Pero tú ya tienes expectativas, lo veo en ti. No te basta con la supervivencia y la seguridad. Tus esperanzas —tus sueños, si quieres llamarlos así— me provocan una serie de emociones en conflicto. Estoy muy orgulloso de ti, de tu apertura, de tu ambición, de tu empuje y de tu inteligencia. Mi tarea, en el poco tiempo que nos queda juntos, es aportar una sabiduría que esté a la altura de esa inteligencia. Y una parte de esa sabiduría consiste en entender lo que has recibido: una ciudad donde nadie se fija en los bares gais, un equipo de fútbol en el que la mitad de los jugadores habla otro idioma. Lo que te estoy diciendo es que no todo te pertenece a ti, que la belleza que hay en ti no es exclusivamente tuya, sino que sobre todo es resultado de haber disfrutado de una cantidad anormal de seguridad en tu cuerpo negro.

Tal vez sea por eso por lo que, cuando descubriste que al asesino de Michael Brown no lo iba a castigar nadie, me dijiste que te tenías que ir. Tal vez por eso estabas llorando, porque en aquel momento entendiste que ni siquiera tu seguridad relativamente privilegiada puede detener un ataque prolongado y emprendido en nombre del Sueño. Nuestra situación política actual te dice que si eres víctima de ese ataque y pierdes tu cuerpo, de alguna forma acabará siendo culpa tuya. A Trayvon Martin lo mataron por su capucha. A Jordan Davis por tener la música alta. John Crawford nunca tendría que haber tocado el rifle de la tienda. Kajieme Powell no tendría que haber estado loco. Todos ellos deberían haber tenido padres, hasta los que sí los tenían, como tú. Despojado de sus justificaciones, el Sueño se desplomaría. Tú aprendiste esto con Michael Brown. Yo lo aprendí con Prince Jones.

Michael Brown no murió tal como suponían muchos de quienes lo defendían. Y, sin embargo, seguían sin plantearse las preguntas que subyacían tras las preguntas. ¿Acaso atacar a un agente del estado debería ser un crimen castigado con la muerte, aplicada sin juicio, con el agente haciendo de jurado y verdugo? ¿Es así como queremos que sea la civilización? Y ahora los Soñadores no paran de saquear Ferguson para hacerse con su gobierno municipal. Y no paran de torturar a musulmanes, ni sus drones de bombardear bodas (¡por accidente!), y encima los Soñadores citan a Martin Luther King y ensalzan el pacifismo para los débiles y las armas pesadas para los fuertes. Cada vez que un agente de policía nos pone en su objetivo, hay peligro de muerte, heridas y mutilaciones. No basta con decir que esto se puede aplicar a cualquiera o que sobre todo se aplica a los criminales. En el momento en que la policía empezó a perseguir a Prince Jones, su vida ya estuvo en peligro. Los Soñadores aceptan esto como el precio de los negocios y aceptan nuestros cuerpos como moneda, porque es su tradición. En calidad de esclavos, fuimos el primer chollo de este país, el primer pago por su libertad. Después de la ruina y la liberación de la guerra civil vino la Redención del contumaz Sur y la Reunificación, y nuestros cuerpos se convirtieron en la segunda hipoteca de este país. En el New Deal fuimos su cuarto de invitados, su sótano terminado. Y hoy en día, con un sistema de prisiones gigantesco que ha convertido el almacenamiento de cuerpos negros en un programa de trabajo para Soñadores y una lucrativa inversión para Soñadores; hoy en día, cuando el ocho por ciento de los presos del mundo son negros, nuestros cuerpos han refinanciado el Sueño de ser blanco. La vida negra es barata, pero en América los cuerpos negros son un recurso natural de valor incomparable.

III

Y han llevado a la humanidad al borde de la aniquilación porque se creen blancos.

JAMES BALDWIN

En los años que siguieron a la muerte de Prince Jones, pensé a menudo en todos aquellos a quienes les había tocado seguir con sus vidas a la sombra de su muerte. Pensé en su prometida y me pregunté en cómo sería ver el futuro patas arriba sin explicación alguna. Me pregunté qué le contaría a su hija y cómo ésta se imaginaría a su padre cuando lo echara de menos, y cómo se explicaría su pérdida. Pero sobre todo me pregunté por la madre de Prince, y la pregunta que me hacía más a menudo era: ¿cómo vivía? Busqué su número de teléfono en internet. Le mandé un correo electrónico. Ella me contestó. A continuación la llamé y concerté una cita para visitarla. Y ella seguía viva, en las afueras de Filadelfia, en una pequeña comunidad cerrada de casas de gente adinerada. Era un martes lluvioso cuando llegué. Hice el trayecto en tren desde Nueva York y después cogí un coche de alquiler. En los meses previos había pensado mucho en Prince. Tu madre, tú y yo habíamos ido a la reunión de exalumnos en La Meca, y muchos de mis amigos habían ido también, pero Prince no.

La doctora Jones me recibió en la puerta. Era encantadora, cortés y morena. Parecía estar en algún punto de esa franja entre los cuarenta y los setenta en la que cuesta calcular con exactitud la edad de una persona negra. Se mostró serena, teniendo en cuenta el tema de nuestra conversación, y durante la mayor parte de la visita intenté separar lo que ella debía de estar sintiendo en realidad de lo que yo pensaba que debía de estar sintiendo. Lo que yo sentí en aquellos momentos era que me estaba sonriendo con dolor en los ojos, que la razón de mi visita había extendido una colcha oscura de tristeza por encima de la casa entera. Creo recordar música —jazz o góspel— sonando de fondo, y, sin embargo, también recuerdo un profundo silencio invadiéndolo todo. Me pareció que quizá había estado llorando. No pude estar seguro. Me llevó a una amplia sala de estar. No había nadie más en la casa. Era principios de enero. Todavía estaba el árbol de Navidad en un extremo de la sala y había calcetines con los nombres de su hija y del hijo que había perdido, además de una foto suya —de Prince Jones— en una mesilla auxiliar. La doctora Jones me trajo agua en un vaso grande. Ella bebió té. Me contó que había nacido y se había criado en las afueras de Opelousas, Luisiana, que sus antepasados habían sido esclavos en la misma zona, y que como consecuencia de aquella esclavitud habían perdurado en el tiempo los ecos del miedo. «Lo vi claro por primera vez a los cuatro años», me contó.

> Mi madre y yo íbamos a la ciudad. Nos subimos al autobús de la Greyhound. Yo estaba detrás de mi madre. Ella no me llevaba cogida de la mano y yo me dejé caer en el primer asiento que encontré. Al cabo de unos minutos, mi madre se puso a buscarme, me llevó a la parte de atrás del autobús y me explicó por qué no me podía sentar allí. Éramos muy pobres y la mayoría de la gente negra que nos rodeaba y que yo conocía también eran pobres, y las imágenes que tenía de la América blanca me venían de ir a la ciudad y de ver a la gente que trabajaba al otro lado de los mostradores de las tiendas y de ver a la gente para la que trabajaba mi madre. Me quedó claro que había una distancia.

Este abismo de separación se nos hace evidente a todos de muchas formas distintas. Una niña vuelve andando a casa después de que se metan con ella en la escuela y les pregunta a sus padres: «¿Por qué nos llaman negros asquerosos?». En ocasiones es algo sutil: la simple observación de quién vive dónde y de quién hace ciertos trabajos y quién no. En ocasiones es todo a la vez. Nunca te he preguntado cómo fuiste consciente de esa distancia. ¿Fue por el caso de Mike Brown? Creo que no quiero saberlo. Pero sé que ya te ha pasado, que has deducido que eres una persona privilegiada y que, sin embargo, eres distinto de otros chicos privilegiados, porque tienes un cuerpo más frágil que ningún otro de este país. Lo que quiero que sepas es que nada de esto es culpa tuya, por mucho que sea en última instancia responsabilidad tuya. Y es tu responsabilidad porque estás rodeado por los Soñadores. No tiene nada que ver con cómo lleves los pantalones o cómo te peines. La división es igual de intencionada que una serie de medidas políticas, igual de intencionada que el olvido que la sigue. La división permite la separación efectiva entre saqueadores y saqueados, entre aparceros y terratenientes, entre los caníbales y la comida.

La doctora Jones se mostró reservada. Era lo que la gente antaño llamaba «una señora», y en ese sentido me recordaba a mi abuela, que había sido una madre soltera en las viviendas de protección oficial pero que siempre hablaba como si tuviera una buena vida. Y cuando la doctora Jones describió sus motivos para escaparse de la carestía que había marcado las vidas de aparceros de su padre y de toda la gente que la rodeaba, cuando ella recordó haber dicho: «No voy a vivir así», yo vi el hierro en su mirada y me acordé del hierro en la mirada de mi abuela. A estas alturas apenas debes de acordarte de ella, tenías seis años cuando murió. Yo me acuerdo de ella, claro, pero en la época en que la conocí sus hazañas —por ejemplo, el hecho de que fregaba suelos de gente blanca de día y estudiaba de noche— ya eran legendarias. Aun así, sentía el poder y la rectitud que la habían impulsado para salir de las viviendas de protección oficial y la habían llevado a tener casa propia.

Y era el mismo poder que yo sentí aquel día en presencia de la doctora Jones. Cuando estaba en segundo curso, ella y otra chica pactaron que las dos llegarían a ser médicos, y ella cumplió con su parte del trato. Pero primero tuvo que integrarse en el instituto de secundaria de su pueblo. Al principio se peleaba con las niñas blancas que la insultaban. Al final la eligieron delegada de clase. Hacía atletismo. Fue una «gran entrada en el mundo», me contó, pero solamente le permitió adentrarse hasta cierto punto en aquel mundo ajeno. En los partidos de fútbol americano, los demás estudiantes jaleaban al corredor estrella negro, pero cuando un jugador negro del equipo rival se hacía con el balón, le gritaban: «¡Mata a ese puto negro! ¡Mata al negro!». Y lo gritaban sentados a su lado, como si ella no estuviera presente. De niña, la doctora Jones daba recitales de la Biblia, y me contó cómo la habían reclutado para aquel trabajo. Su madre la llevó a hacer una prueba para el coro juvenil. Al acabar, el director del coro le dijo: «Cariño, creo que deberías hablar». En ese momento de la historia empezó a reírse un poco, no a carcajadas, todavía controlando su cuerpo. Me pareció que se estaba animando. Cuando me habló de la iglesia me acordé de tu abuelo, el que tú conociste, y de que él también había encontrado sus primeras aventuras intelectuales en el recitado de pasajes de la Biblia. Me acordé de tu madre, que también lo había hecho. Y pensé en mi distanciamiento de una institución que muy a menudo ha sido el único apoyo para mi pueblo. A menudo me pregunto si con ese distanciamiento me habré perdido algo, alguna noción de esperanza cósmica, alguna sabiduría que trasciende mi mezquina percepción física del mundo, algo situado más allá del cuerpo, que yo podría haberte transmitido. Me pregunté todo esto en aquel momento en concreto porque lo que había llevado a Mable Jones a tener una vida excepcional era algo situado más allá de todo lo que yo he entendido en mi vida.

Ella había ido a la universidad con una beca que cubría todos sus gastos. Estudió Medicina en la Louisiana State University. Se alistó en la Marina. Eligió dedicarse a la radiología. Por entonces ella no conocía a ningún otro radiólogo negro. Yo di por sentado que le habría resultado difícil, pero ella se sintió insultada por mi presunción. No podía dar fe de ninguna situación incómoda, y tampoco hablaba de sí misma como si fuera excepcional, porque eso habría sido una concesión excesiva, habría santificado una serie de expectativas tribales, cuando la única expectativa que importaba debía basarse en los resultados de Mable Jones. Y bajo esta luz, su éxito no resultaba sorprendente, porque Mable Jones siempre había ido a todo gas, y no dando rodeos ni escabulléndose, sino siempre al frente, y si tenía que hacer algo, lo hacía hasta la muerte. Su temperamento vitalista era el de una atleta de élite que sabe que el rival juega sucio y que los árbitros están comprados, pero que también es consciente de que solamente le falta ganar una carrera para llevarse el campeonato.

La doctora llamaba a su hijo —a Prince Jones— Rocky, en honor al abuelo de ella, que había tenido el apodo de Rock. Le pregunté por la infancia de su chico, porque la verdad era que yo no había conocido mucho a Prince. Era una de esas personas a quienes siempre me alegraba ver en una fiesta, y a quien llamaba «un buen hermano» cuando hablaba de él con algún amigo, pero la verdad era que no sabía en qué andaba metido. De forma que ella me lo describió brevemente para que pudiera entenderlo mejor. Me contó que una vez había clavado un clavo a martillazos en un enchufe y había cortocircuitado la casa entera. Me contó que una vez se había vestido con traje y corbata, había apoyado una rodilla en el suelo y le había cantado *Three Times a Lady*. Me contó que siempre había ido a escuelas privadas —escuelas llenas de Soñadores—, pero que había hecho amigos allá adonde iba, primero en Luisiana y después en Texas. Le pregunté cómo la trataban a ella los padres y las madres de los amigos de su hijo. «Por entonces yo era la jefa de Radiología del hospital local —me dijo—. Así que me trataban con respeto.» Me lo dijo sin amor en los ojos, con frialdad, como si me estuviera explicando un problema matemático.

Igual que su madre, Prince era listo. En secundaria lo admitieron en una escuela para talentos especializada en matemáticas y ciencia, donde los estudiantes podían obtener créditos para la universidad. A pesar de que la escuela admitía a alumnos de un estado con la misma población aproximada que Angola, Australia o Afganistán, Prince era el único niño negro. Le pregunté a la doctora Jones si ella había querido que su hijo fuera a la Howard. Ella sonrió y me dijo: «No. —Luego añadió—: Está muy bien poder hablar de esto». Aquello me relajó un poco, porque me permitía por fin dejar de verme a mí mismo como un intruso. Le pregunté a qué universidad había querido que fuera. Ella me dijo: «A Harvard. Y si no a Harvard, a Princeton. Y si no a Princeton, a Yale. Y si no a Yale, a Columbia. Y si no a Columbia, a Stanford. Era un estudiante de ese calibre». Pero igual que al menos un tercio de todos los estudiantes que venían a la Howard, Prince estaba cansado de tener que representar a otra gente. Hablo de estudiantes de la Howard que no eran como yo. Hablo de hijos de personajes de élite como Jackie Robinson, cuyos padres salían de los guetos y de los campos de aparceros y se mudaban a los barrios residenciales, solamente para descubrir allí que seguían llevando la marca con ellos y no podían escapar. Aun cuando triunfaban, como era el caso de muchos, los separaban del resto, los convertían en ejemplos y los transformaban en parábolas de la diversidad. Eran símbolos y marcadores, nunca niños ni jóvenes. Así que iban a la Howard para ser normales; y lo que es más, para ver cómo de amplia era realmente la normalidad negra.

Prince no había intentado entrar en Harvard ni en Princeton ni en Yale ni en Columbia ni en Stanford. Solamente había querido La Meca. Le pregunté a la doctora Jones si lamentaba que Prince hubiera elegido la Howard. Ella ahogó un gemido. Fue como si le hubiera apretado demasiado un hematoma. «No —me dijo ella—. Lo que lamento es que esté muerto.»

Me lo dijo con una gran serenidad y un dolor todavía mayor. Me lo dijo con toda la extraña compostura y franqueza que exige de uno la gran herida americana. ¿Alguna vez has mirado bien esas fotos de las sentadas de los años sesenta, alguna vez las has mirado bien y durante un buen rato? ¿Alguna vez les has mirado las caras? No son caras furiosas ni tristes, ni tampoco de gozo. Apenas dejan ver ninguna emoción. Están mirando más allá de sus torturadores, más allá de nosotros, concentrados en algo situado más allá de nada que yo conozca. Creo que sus miradas están clavadas en su Dios, un dios al que no puedo conocer y en el que no creo. Pero con o sin Dios, la armadura los cubre por completo y es real. O quizá no sea una armadura en absoluto. Quizá sea una extensión de la vida, una especie de préstamo que te permite encajar hoy los ataques que se te amontonan encima y pagar la deuda más tarde. Sea lo que sea, las expresiones que veo en esas fotos, nobles y vacías, son la misma expresión que aquel día vi en Mable Jones. Estaba en sus ojos castaños y afilados, que se le humedecieron pero no rompieron a llorar. Tenía muchísimas cosas bajo su control, y estoy seguro de que los días posteriores al saqueo de su Rocky, a que le arrebataran su estirpe, no le habían exigido nada menos que eso.

Y ella no podía acudir a su país en busca de ayuda. En lo tocante a su hijo, el país de la doctora Jones había puesto en práctica su especialidad: olvidarlo. El olvido es un hábito, pero también es otro componente necesario del Sueño. Ya han olvidado la magnitud del robo que los enriqueció con la esclavitud; el terror que les permitió durante un siglo escatimar el derecho a voto, y la política segregacionista que les dio sus barrios residenciales. Se han olvidado porque acordarse los haría caerse del hermoso Sueño y tener que vivir aquí abajo con nosotros, aquí en el mundo. Estoy convencido de que los Soñadores, al menos los Soñadores de hoy en día, prefieren vivir blancos a vivir libres. En el Sueño son Buck Rogers, el príncipe

Aragorn y toda la raza de los Skywalker. Despertarlos equivale a revelarles que son un imperio de humanos y que ese imperio, igual que todos los imperios de humanos, se basa en la destrucción del cuerpo. Equivale a mancillar su nobleza, a convertirlos en humanos vulnerables, falibles y frágiles.

La doctora Jones estaba durmiendo cuando le sonó el teléfono. Eran las cinco de la madrugada y la estaba llamando un detective para decirle que cogiera el coche y fuera a Washington. Que Rocky estaba en el hospital. Que alguien le había disparado. Ella fue en el coche con su hija. Estaba segura de que él seguía vivo. Hizo varias pausas mientras me lo contaba. Se fue directa a la UCI. Rocky no estaba allí. Un grupo de hombres con autoridad —médicos, abogados y detectives, quizá— la condujo a una sala y le dijo que estaba muerto. Hizo otra pausa. Pero no lloró. La compostura era demasiado importante ahora.

«No se pareció a nada que hubiera sentido antes —me contó—. Fue un dolor extremadamente físico. Tanto que, cada vez que pensaba en él, lo único que podía hacer era rezar y pedir misericordia. Pensaba que iba a perder la cabeza y volverme loca. Me sentía enferma. Me sentía como si me estuviera muriendo.»

Le pregunté si había esperado que presentaran cargos contra el policía que había disparado a Prince. «Sí», me dijo. Su voz era un cóctel de emociones. Hablaba como americana, con las mismas expectativas de justicia —aunque fuera una justicia con retraso y a regañadientes— que se había llevado consigo tantos años atrás a la Facultad de Medicina. Y hablaba como mujer negra, con todo el dolor que socava esos mismos sentimientos.

Ahora me pregunté por su hija, que se había casado recientemente. Había una foto a la vista de ella con su nuevo marido. La doctora Jones no era optimista. Le preocupaba mucho que su hija trajera un hijo a América, porque no podría salvarlo, no podría proteger su cuerpo de la violencia ritual que se había llevado a su hijo. Comparó América con Roma. Me dijo que consideraba que hacía mucho tiempo que los días de gloria de nuestro país habían quedado atrás, y que incluso aquellos días de gloria estaban mancillados. Habían sido construidos sobre cuerpos ajenos. «Y no captamos el mensaje —me dijo—. No entendemos que estamos aceptando nuestra muerte.»

Le pregunté a la doctora Jones si su madre todavía vivía. Me contestó que su madre había fallecido en 2002, a los ochenta y nueve años. Le pregunté a la doctora Jones cómo se había tomado su madre la muerte de Prince, y ella me contestó con un hilo de voz: «No sé si pudo aceptarla».

Hizo alusión a *Doce años de esclavitud*. «Míralo a él —me dijo, refiriéndose a Solomon Northup—. Tenía medios. Tenía familia. Estaba viviendo como un ser humano. Y un solo acto racista se lo llevó. Y lo mismo se puede decir de mí. Me pasé años haciendo carrera, adquiriendo activos y asumiendo responsabilidades. Y entonces vino un solo acto racista. No hace falta más.» Y luego volvió a hablarme de todo lo que había adquirido, por medio de grandes esfuerzos y grandes sinsabores, durante el largo trayecto desde la pobreza extrema de su juventud. Entendí que todo había sido para sus hijos tanto como para ella. Me contó que Prince nunca había tenido mucho apego a las cosas materiales. Le encantaba leer. Le encantaba trabajar. Pero al cumplir veintitrés años, ella le había comprado un *jeep*. Hasta había hecho que le pusieran un lazo enorme de color violeta. Me contó que se acordaba perfectamente de que su hijo había mirado el *jeep* y le había dicho simplemente: *Gracias, mamá*. E inmediatamente la doctora añadió: «Y ése fue el *jeep* en que lo mataron».

Al salir me quedé sentado en el coche unos minutos sin hacer nada. Lo único que pensé fue que la madre de Prince había invertido mucho en él y que toda esa inversión se había perdido. Pensé en la soledad que lo había llevado a La Meca, y en que La Meca, y nosotros, no pudimos salvarlo, en que en última instancia no podemos salvarnos. Me acordé otra vez de las sentadas, de los manifestantes con sus caras estoicas, de aquella gente de la que antaño nos habíamos burlado por entregar sus cuerpos a las peores cosas de la vida. Quizá aquella gente sabía algo terrible del mundo. Quizá había renunciado de forma voluntaria a la seguridad y la santidad del cuerpo negro porque jamás había existido ninguna seguridad ni santidad. Y todas aquellas fotos antiguas de los años sesenta, todas aquellas películas que yo contemplaba de gente negra tumbada delante de las porras y los perros, no eran simplemente vergonzosas; de hecho, no eran vergonzosas en absoluto, eran simplemente ciertas. Estamos capturados, hermano, rodeados por el bandidaje de los defensores de la mayoría de América. Y esto ha sucedido aquí, en nuestro único hogar, y la terrible verdad es que no podemos escapar solos por medio de nuestra voluntad. Quizá aquélla fuera, y sea, la esperanza del movimiento: despertar a los Soñadores, obligarlos a prestar atención a la realidad de lo que le ha hecho al mundo su necesidad de ser blancos, de hablar como blancos y de pensar que son blancos, es decir, de pensar que están más allá de los defectos congénitos de la humanidad.

Pero tú no puedes organizar tu vida en torno a ellos ni al hecho poco probable de que los Soñadores cobren conciencia. Nuestro momento es demasiado breve. Nuestros cuerpos son demasiado valiosos. Y ahora estás aquí, y has de vivir, y hay muchas cosas en el mundo por las que vivir, no solamente en un país extranjero, sino también en el tuyo. La calidez de las energías oscuras que me llevaron a La Meca, que se llevaron a Prince Jones, la calidez de nuestro mundo particular, es hermosa, por breve y frágil que sea.

Me acuerdo de nuestro viaje para la reunión de exalumnos. Me acuerdo de las ráfagas de calidez que nos bañaron. Estábamos en un partido de fútbol americano. Estábamos sentados en las gradas con unos viejos amigos y sus hijos, sin importarnos ni los regates ni las primeras anotaciones. Recuerdo que miré los postes de la portería y vi a un grupo de animadoras exalumnas tan enamoradas de la Howard University que llevaban sus viejos colores y hasta habían descosido un poco sus viejos uniformes para que les entraran. Recuerdo cómo bailaban. Agitaban los brazos, se detenían, agitaban los brazos, y cuando el público se puso a gritar «¡Hazlo! ¡Hazlo! ¡Hazlo! ¡Hazlooo!», una mujer negra que estaba dos filas por delante de mí se levantó y empezó a sacudir los brazos como si no fuera una mamá y los últimos veinte años hubieran sido una sola semana. Recuerdo que fui andando a la fiesta que se celebraba en el aparcamiento del estadio, sin ti. No pude llevarte, pero no tengo problema alguno en contarte lo que vi a mi alrededor, a la diáspora entera: buscavidas, abogados, miembros de la fraternidad Kappa, barberos, miembros de la Delta, borrachos, frikis y empollones. El DJ vociferaba por el micro. Los jóvenes intentaban acercarse a él. Un chico sacó una botella de coñac y desenroscó el tapón. Una chica que estaba con él sonrió, echó la cabeza hacia atrás, bebió y se rio. Y yo me sentí desaparecer en todos sus cuerpos. La marca de nacimiento condenatoria se borró y sentí el peso de mis brazos y oí un jadeo en mi respiración y no dije nada, porque no había nada que decir.

Fue un momento, un momento de gozo, más allá del Sueño; un momento infundido por un poder más hermoso que ninguna ley de derecho al voto. Y ese poder, ese poder negro, se origina en una visión de la galaxia americana sacada de un planeta oscuro y esencial. El poder negro es la vista de Monticello desde el lado de los calabozos; es decir, la vista que hay desde la lucha. Y el poder negro engendra una modalidad de entendimiento que ilumina todas las galaxias con sus colores verdaderos. Hasta los Soñadores —perdidos en sus grandiosos ensueños— lo sienten, porque es a Billie a quien acuden cuando están tristes, y son las canciones de Mobb Deep las que vociferan cuando se sienten osados, y es a Isley a quien tararean cuando están enamorados, y es a Dre a quien remedan a gritos cuando están de juerga, y es Aretha lo último que oyen antes de morir. Hemos construido algo aquí abajo. Hemos cogido las leyes de la gota única de sangre de los bebedores y les hemos dado la vuelta. Ellos nos han convertido en una raza. Y nosotros nos hemos convertido en un pueblo. Aquí en La Meca, bajo el dolor de la selección, hemos construido un hogar. Igual que hace la gente negra en sus calles en verano, marcadas con agujas, ampollas y cuadrados de rayuela. Igual que hace la gente negra cuando baila en las fiestas para recaudar dinero para sus alquileres, igual que hace la gente negra en sus reuniones familiares cuando nos contemplan como a los supervivientes de una catástrofe. Igual que hace la gente negra cuando brinda con coñac y cerveza alemana, pasándose sus porros y debatiendo sobre raperos. Igual que hacemos todos los que hemos viajado a través de la muerte para vivir en esta Tierra.

Ése fue el poder del amor que movió a Prince Jones. Y ese poder no es ninguna divinidad, sino un conocimiento profundo de lo frágil que es todo en realidad, incluso el Sueño, especialmente el Sueño. Sentado en aquel coche pensé en los vaticinios de catástrofe nacional que me había hecho la doctora Jones. Yo llevaba toda la vida oyendo aquellos vaticinios de boca de Malcolm y de todos sus seguidores póstumos, que vociferaban que los Soñadores cosecharían lo que habían sembrado. Había visto el mismo vaticinio en las palabras de Marcus Garvey, que prometía el regreso en forma de un torbellino de antepasados vengativos, de un ejército de muertos vivientes del Cruce del Atlántico. Pero no. Yo me había ido de La Meca sabiendo que todo eso era demasiado simplista, sabiendo que si los Soñadores recogían lo sembrado, a nosotros nos tocaría recogerlo también. El saqueo ha madurado hasta convertirse en hábito y adicción; una gente capaz de orquestar la muerte mecanizada de nuestros guetos y la violación en masa de las prisiones privadas, y después diseñar su propio olvido, debe inevitablemente saquear mucho más. Y esto que digo no es una simple fe en las profecías, sino en la seducción de la gasolina barata.

Antaño, los parámetros del Sueño estaban restringidos por la tecnología y por los límites de la potencia de los motores y del viento. Pero los Soñadores han progresado, y la contención de los mares a cambio de voltaje, la extracción del carbón y la transmutación del petróleo en comida han permitido una expansión del saqueo que no conoce precedentes. Y esta revolución ha dado libertad a los Soñadores para saquear no solamente cuerpos humanos, sino también el cuerpo de la Tierra misma. La Tierra no es una creación nuestra. No siente respeto por nosotros. No nos quiere para nada. Y su venganza no son los incendios de las ciudades, sino el fuego del cielo. Algo más feroz que Marcus Garvey viene a lomos del torbellino. Algo más espantoso que todos nuestros antepasados africanos está elevándose con las aguas del mar. Ambos fenómenos se conocen entre sí. Fue el algodón que pasó por nuestras manos encadenadas el que inauguró esta era. Fue el hecho de huir de nosotros lo que dispersó a los Soñadores por todos los bosques subdivididos. Y el método de transporte por esas nuevas subdivisiones, por la extensión de la Tierra, fue el automóvil, que es la soga en el cuello de la Tierra y, en última instancia, de los mismos Soñadores.

Me alejé de la casa de Mable Jones pensando en todo esto. Me alejé en el coche pensando en ti, como siempre. No creo que podamos detenerlos, Samori, porque en última instancia son ellos quienes tienen que detenerse a sí mismos. Y aun así, te animo a que luches. A que luches por el recuerdo de tus antepasados. A que luches por la sabiduría. A que luches por la calidez de La Meca. A que luches por tus abuelos, por tu nombre. Pero no luches por los Soñadores. Ten esperanza para ellos. Reza por ellos, si te apetece. Pero no apliques tu lucha a su conversión. Los Soñadores tendrán que aprender a luchar ellos, a entender que el terreno de su Sueño, el escenario en que se han pintado a sí mismos de blanco, es el lecho de muerte de todos. El Sueño es el mismo hábito que pone en peligro al planeta, el mismo hábito que se encarga de almacenar nuestros cuerpos en prisiones y guetos. Yo vi esos guetos mientras volvía con el coche de casa de la doctora Jones. Eran los mismos guetos que había visto en Chicago muchos años atrás, los mismos guetos en los que se había criado mi madre y en los que se había criado mi padre.

A través del parabrisas vi la marca de aquellos guetos —la abundancia de salones de belleza, iglesias, licorerías y casas ruinosas— y sentí el miedo de antaño. A través del parabrisas vi las cortinas de lluvia que caían.